me time

ヨーロッパのカフェがある暮らしと小さな幸せ

文・写真　Aya Kashiwabara

リベラル社

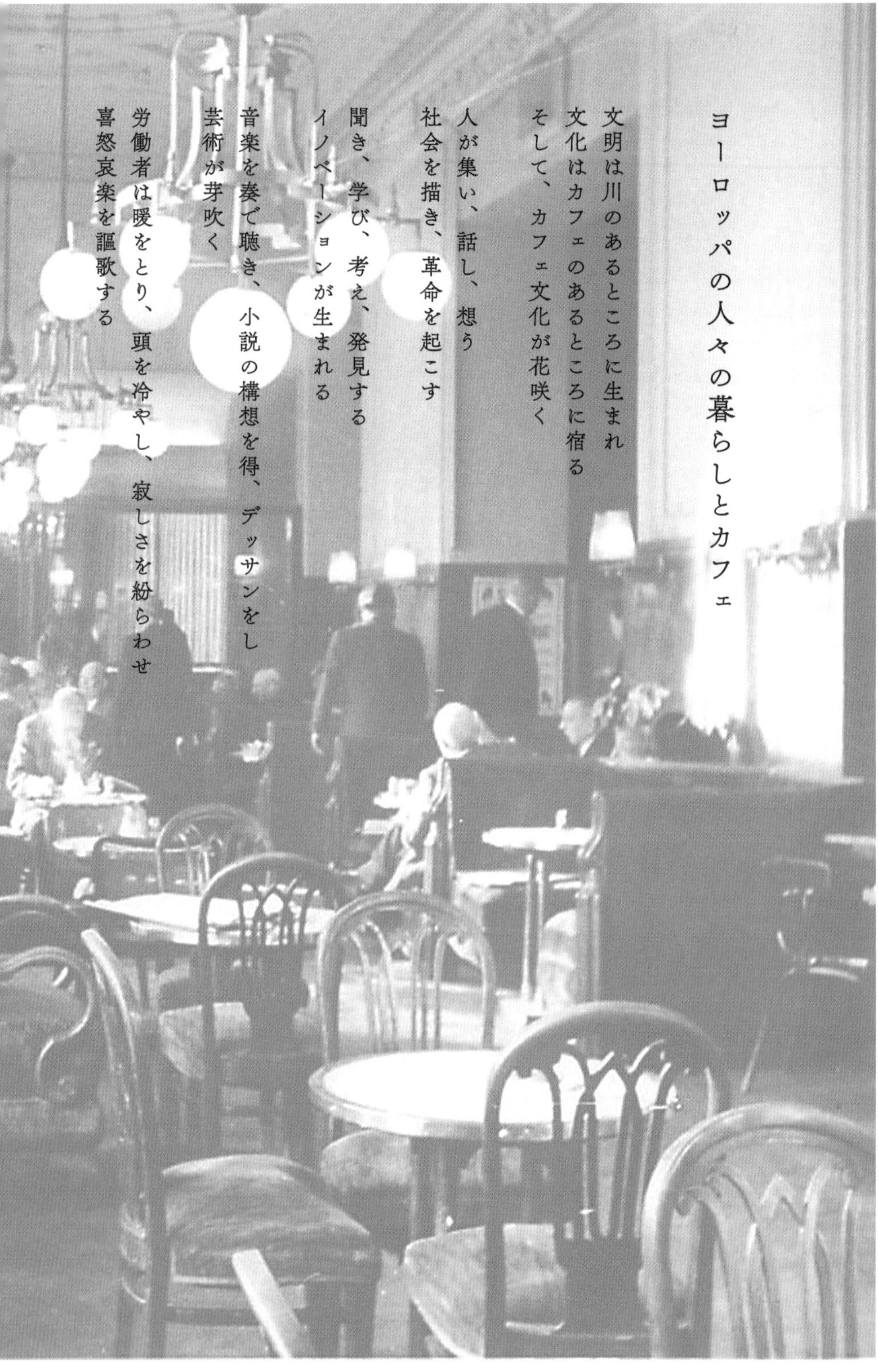

ヨーロッパの人々の暮らしとカフェ

文明は川のあるところに生まれ
文化はカフェのあるところに宿る
そして、カフェ文化が花咲く

人が集い、話し、想う
社会を描き、革命を起こす
聞き、学び、考え、発見する
イノベーションが生まれる
音楽を奏で聴き、小説の構想を得、デッサンをし
芸術が芽吹く
労働者は暖をとり、頭を冷やし、寂しさを紛らわせ
喜怒哀楽を謳歌する

男女は出逢い、恋文を書き、別れ、再会する
喜びを分かち、孤独を憂う

温かな飲み物を手に
不確かな世に、自分の存在を確認し
明日をみつめる

人の数だけカフェの役割があり
時の数だけカフェの演目は変わる

そこに美味しい珈琲があればなおよし
カフェは珈琲を飲む場所ではなくて
自分らしく過ごす場所

３００年に渡り
人々の暮らしに寄り添ってきたヨーロッパのカフェ文化は
土地の歴史の生きた証

人々の想いと安らぎが重なり合う
豊かな暮らしの時空間

カフェ文化の歴史――はじまりとひろがり

カフェは人生劇場の舞台である。珈琲を飲みながらスローダウンして、観客気分で周りを見渡してみれば、人々の息遣いや暮らしが肌を通して伝わってくる。街は人々の暮らしの集大成であり、地球はそんな街の集大成。人々が集うカフェを見れば、暮らしや街が見え、そして地球が見えてくる。

珈琲のはじまり

時は13世紀。アラビアの祈祷師であったオマールは、モカ王の娘の病気を治すも不覚にも彼女と恋に落ち、王の怒りをかって国外追放されてしまう。山中を彷徨っていると、美しくさえずる鳥たちが赤い実をついばんでいる。ふとその実を口に含むと、なんとも爽快な気分になり疲れが吹き飛んだ。これをきっかけに、彼はこの実の薬効で多くの病人を救い「モカの守護聖人」として人々にあがめられるように……。

珈琲の歴史は、人々の想像力の歴史といっていいほどたくさんの物語が詰まっている。

世界のカフェ文化の発祥地イスタンブール

秘薬として珍重された珈琲は、やがて嗜好飲料としてトルコに届く。飲酒が御法度のイスラム教徒の間では「イスラムの赤ワイン」として瞬く間に定着。16世紀には世界初のカフェが現イスタンブールにオープンし、暮らしのオアシスとして賑わった。女性禁制だったが、当時は夫が妻に珈琲を与えない場合は離婚が成立したというくらい、トルコの暮らしには欠かせないものだった珈琲。そんなトルコの元祖カフェ文化は、ユネスコの世界無形文化遺産に認定されている。

珈琲好きなローマ教皇が「黒い悪魔」に洗礼？

様々な伝説の中の人や、動物に見いだされるまで、エチオピアでひっそりと赤い実をつけていた珈琲は、ミレニアムの時を経て世界を巡り、今や石油に次いで大きな国際取引商品となり、われわれの生活を潤してくれている。

アラブで門外不出だった珈琲は、時に巡礼者の袖の中で、時に政治的な駆け引きで、ある時は禁じられた恋の花束に忍ばせて、国から国へと運ばれた。最難関と思われたイスラム教とキリスト教の国境も、ローマ教皇が「黒い悪魔」に洗礼をして聖なる飲料に変えたことでするりと通過（信仰心も珈琲の魅力にはかなわなかったとみえる）。そしてヨーロッパ、世界へと広がった。その繁栄に大きく貢献したのが、人々が集うカフェ文化である。

花咲いたヨーロッパのカフェ文化——その扉を開くキーワード

ヨーロッパのカフェは、安らぎの場であるだけでなく、歴史的に市民生活に様々な影響を与え、その土地独自の文化を創りあげてきた——。

暮らしを豊かにするしくみ

ヨーロッパ最古のカフェは1650年、英・オックスフォードにオープン。1ペニーの入店料で階級問わず平等に知識人の話が聞けて学べると「ペニー大学」とよばれ大盛況。世界初の百科事典はパリのカフェで生まれ、22言語の新聞や雑誌が並ぶ世界の情報センターだったのはウィーンのカフェ。ロンドンの珈琲ハウスは郵便局を兼任していた時代もあり、世界最大級の保険組合ロイズをはじめ、証券会社、オークションハウスなど、今に続く様々な社会制度を生んだ。

革命

フランス革命が、パレ・ロワイヤルのカフェで「武器を取れ」と市民を扇動したことから勃発したことは有名な話。カフェはイスラム時代から反体制派の温床として危険視されることも多く、イギリスやドイツをはじめ様々な国でカフェ禁止令が出されては消えた(権力も人々の珈琲熱には勝てず)。カフェは言論や思想の自由を象徴する場所でもあった。

音楽と芸術

古くからカフェに生演奏はつきもの。ウィーンのカフェではベートーヴェンやモーツァルトの演奏が聴けたことも。空前の珈琲ブームに沸いた18世紀のドイツでは、バッハは音楽を民衆に浸透させようと、珈琲を巡る父娘の喜歌劇『珈琲カンタータ』を作曲しカフェで初演。珈琲はますます人気に。カフェは珈琲一杯で長居できる自由空間であり、人々が交錯する刺激的な場所。芸術家にとっては創造力の泉となり、後世に残る素晴らしい芸術作品の数々が生まれた。

デザインとスタイル

パリに最初のカフェがオープンしたとされるのは17世紀。それまでのイスラム風カフェから一転、シャンデリアや鏡で内装をゴージャスに洗練させるとたちまち大人気に。以来これがパリ風カフェの原型となる。一方、ウィーンのカフェも格調高い独自のスタイルを確立。「ウィーンの珈琲ハウスの椅子」とよばれるお馴染みトーネット社の椅子は、ウィーンのカフェからパリをはじめ多くのカフェで使われるようになり、今では世界中の人々に愛されている。

ヨーロッパのカフェがある暮らしと小さな幸せ

chapter 02 風と緑を感じるカフェ

chapter 03 街角のアイコン

chapter 01

歴史を誇るクラシックなカフェ

01
―カフェ物語―

世界一ゴージャスなブダペストの市民宮殿

ニューヨークカフェ
New York Café
ハンガリー・ブダペスト

ブダペストと珈琲の出逢い

世界一美しいといわれるカフェは世界にたくさんあるだろうが、世界一豪華なカフェといえば、この「ニューヨーク」ではないだろうか。しかし、この豪華な外見に惑わされてはいけない。その美しさに目をくらませて、内に秘めたる数々のユニークな物語を見逃してはもったいない。さて、それを語る前に、まずはブダペストと珈琲の歴史をのぞいてみよう。

この街に珈琲が入ってきたのは16世紀。珈琲はまだ敵国イスラム文化の飲料だったからウィーン同様、珈琲は戦いがらみでもたらされる。事情が違ったのは、トルコ軍はウィーンを包囲して一触即発だったのに対し、ブダペストでは平和的解決を装った作戦に出たこと。つまり、ハンガリーの要人らを「お食事会」に招待したのである。善良なハンガリー人は、まんまと会食へ……。しかし、長い晩餐でそろそろお暇をと申し出ると「もうすぐ《黒いスープ》をお出ししますから」と引き止められる。それを合言葉に、配膳をしていた家

スタイリッシュなシャンデリアに金の装飾と鏡の効果で豪華絢爛

（左上）ブダペストを代表する堂々たる外観とカフェに並ぶ大勢の人（右上）保険会社の支店だったがカフェ部分を残し今はホテルに（下）人だかりの小さなカフェの入り口と違い静かな時が流れる横顔

来たちが兵士に変身……その後の顛末はご想像の通り。この「黒いスープ」が実は珈琲で、このことから「黒いスープはまだきていない」というと「まだコトは起こってないがこれからくるぞ」という比喩として、500年経った今日でも使われているという。

全ての市民を受け入れた様々な形のカフェ

トルコ軍が撤退した17世紀になっても、珈琲文化は撤退することなく、この黒いスープはハンガリー独自の美しい文化を創り上げていき、19世紀にはカフェの数が増えていった。

他都市と違いこの街の人々が幸運だったのは、人件費が安いため、夕食も安く済ませることができ、24時間営業が多かったこと。そのため貧しい人も、暮らしに適したアパートに住めない人もカフェには入り浸ることができた。そこは憩いの場であるとともに、公民館のような役割を兼ねていた。一方で高級な内装のカフェも連立しはじめ、知的活動の中心地となった。その代表が「ニューヨーク」である。

このカフェはニューヨークの保険会社の支店として建てられ、一階部分のカフェはそのままに、上階はホテルになっている。そもそもの始まりはハンガリーの一教師だったマックスが法律家として成功しニューヨークに渡り、縁あって仲介役としてこの地に舞い戻ってきたことによる。

1894年に完成したカフェは、数々の大理石の柱に豪華な金色の装飾、それを映し出す鏡が織りなす重厚かつ華やかな内装で、宮殿のよう――それもそのはず、設計したのは王宮を手がけた著名建築家ハウスマン。カフェに対する強い思い入れがうかがい知れる。

カフェのないところに文学なし

開店記念パーティーでは、招待客は誰もがその贅を尽くした空間に度肝を抜かれたという。その一人、俳優兼作家のモルナールはこの日、公衆の面前で入り口の鍵を盗み、ドナウ川に走ったというエピソードが残っている。その鍵を川に放り投げ、永遠にそのカフェ神殿の扉が閉じられることがないように、と。やがて「ニューヨーク」は、「カフェのないところに文学なし」と文学サロンとしての地位を築く。

カフェは地上階と地下一階があり、地下は「深海」とよばれ、未だ名の知れていない文士の指定席。借金を抱えた客にはお金を貸してくれる場所でもあった。金欠者専用メニュー（その名も「ライター専用」！）もあり、該当者は破格値で薄切りのハムとパンで飢えをしのげた。地上階には著名作家たちが陣取っていたが、上階地階に関係なく文士たちにはいつでも「犬の舌」（メモ帳の愛称）とインクが無料で差し出されたという。

時代の流れには逆らえず、かつての混沌とした雰囲気は払拭されてしまったが、あの鍵をモルナールがドナウ川に放り投げてくれたおかげで、ブダペストの「ニューヨーク」は数々の危機を乗り越え、今もその伝統に忠実に、年中無休でその扉をひらいている。

あなたが川に投げたい鍵はありますか。

Information

New York Café

Erzsébet krt. 9-11, 1073 Budapest

Hungary

（上）「ライター専用」メニューにありつけたカフェ宮殿の「深海」（下）街でよく見かける移動書店。宮殿の外でも暮らしと文学は近い存在

王宮を設計した建築家が手がけた「カフェのための宮殿」は今も賑わう

02
—カフェ物語—

恋の駆け引きから生まれた世界最大の珈琲農園

A Brasileira《ア ブラジレイラ》
ポルトガル・リスボン

珈琲は暮らしに欠かせない日課

カフェの街パリから、太陽の国ポルトガルへ引っ越した知人からメールが届いた。

「ポルトガルではあっという間に通り過ぎてしまうような小さな村に何軒もカフェがあって、朝から結構客が入ってる。ポルトガルは最低賃金700ユーロ。ポルトガル語でビッカのエスプレッソは1ユーロ以下だとしても、1日最低3杯カフェで飲んでていいのかい、なんて余計なお世話かな。国道、県道、田舎道、手入れもされていそうにない何十才か何百才かのオリーブといちじくの木とアーモンドの木が延々と続く、荒野とも言えそうな僻地の一本道にも、江戸時代の街道のお茶屋みたいなカフェがある。ポルトガルはなんとカフェの多い国なんだろう」

ビッカとは、エスプレッソをさす。ただしこれはリスボンでの呼び名で、ポルトガルでは一般的にカフェ、ポルトではシンバリーニョ。ちなみにエスプレッソにミルクたっぷりのカフェラッテは「男の子」を意味するガラオンとよばれる。お子様向けの珈琲というこ

シックな緑のパラソルが目印のテラス席は町一番の特等席

（左上）アンティークブラウンの内装にエントランスの曲線が映える（右上）クラシックとモダンが混ざり合う印象的な店内（下）時計を取り囲む美しい木の彫刻が存在感を放つ

とらしい。街を歩けばいたるところにカフェや珈琲スタンドがあり、ポルトガル人の生活と一体化している――それもそのはず、ブラジルに珈琲を植え、世界最大の珈琲農園を作り上げたのはポルトガルなのだから。

花束で幕を開けたブラジルの珈琲の歴史

遡ること1727年、南米ギアナを占領していたオランダとフランスの領土間でもめごとがあり、その仲裁役として、ポルトガルの外交官フランシスコが派遣された――というのは表向きの話で、真の目的は、両国の領土にはあり、ポルトガルの手中にはまだなかった珈琲の苗木を盗み出し、自国の植民地ブラジルに植えること。しかし珈琲は国外流出を防ぐため、厳重管理されていて手も足も出ない。そんな折、偶然か必然か、フランシスコはフランス領事夫人と恋仲に……帰国当日。両国の仲裁役としてのねぎらいを込めてフランスから差し出された花束の中には夫人の愛の証、珈琲の苗木がこっそりと仕込まれていた。ポルトガルはそれを植民地であるブラジルに植え、後にポルトガルから独立したブラジルを世界最大の珈琲農園に導いたのである。ちなみに、そのフランス領の苗木もそもそもはオランダ領からその5年前に密輸されたもの。フランス領で罪を犯してオランダ領に逃れていたとある男が、かつての恋人に逢いたくなり、フランス領事に《珈琲の苗木を盗み出す代わりに恩赦を》と懇願。願いは聞き届けられ、彼は珈琲の苗木とともに無事フランスに帰還……珈琲農園の歴史は、恋のパワーに支えられて始まったようだ。

リスボン最古の「翼のある」カフェ

このようにして18世紀からはブラジルの珈琲豆がポルトガルに入ってくるようになり、1905年にリスボンにもとうとう最初のカフェができた。「本物のブラジル珈琲」という宣伝文句とともにエスプレッソ、ビッカをリスボンで初めて提供した。当時のリスボンの家庭では味が強すぎると最初は受け入れられなかったため、一キロの豆の購入で一杯サービスという触れ込みで宣伝し、味の強さは近くの農場でとれた新鮮なヤギ乳を使うことでまろやかにし、人々に受け入れられていく。街の真ん中というロケーションと目を引く洗練されたインテリアで、徐々にポルトガルの芸術家や政治家、ユニークな自由人たちが集う場となった。その後、財政難を乗り越えながら、その伝統を受け継ぎ、街の歴史に時折ゆかいな物語を加えている。

そのひとつが1928年のある事件。常連の画家のひとりアルマダがリスボンを離れ、マドリッドに滞在中のこと。彼を喜ばせようと、このカフェの常連である友人たちが、「ブラジレイラ」のボーイと珈琲をユンカース機で送ったのである。いうまでもなくアルマダは大喜び、「ブラジレイラ」は「翼のあるカフェ」としてもますます市民に愛されるようになった。

あなたはどのカフェに翼を付けて、誰に届けたいですか。

Information

A Brasileira

R. Garrett 122, 1200-205 Lisboa
Portugal

街を歩けばいたるところにカフェや珈琲スタンドがあり人々が集う

03
カフェ物語

世界遺産の中の世界遺産のひとつ

カフェ　プリュッケル
Café Prückel
オーストリア・ウィーン

格式高い自由空間

2011年にウィーンのカフェ文化はユネスコの世界無形文化遺産に登録された。ウィーンの旧市街も世界遺産に登録されているから、ウィーンの数多くのカフェと同様に、ここも世界遺産の中の世界遺産という貴重な場所である。伝統的なウィーンのカフェはシャンデリアや布張りのソファー、蝶ネクタイをした給仕など品格を感じさせる一方で、その敷居をまたいでしまえば、そこには窮屈さとは全く無縁の、自由な空気が広がっている。

19世紀末ウィーンの文化が成熟を極めた頃、カフェには新聞や雑誌が何百も取り揃えられ、ウィーンのカフェ文化はヨーロッパにその名を轟かせていた。今もその伝統を受け継ぎ新聞を数多く取り揃えているカフェは多い。また、かつては住宅事情が悪かったために、広くて暖房があるカフェは多くの人々にとって、ある種の避難場所でもあった。

今なおウィーンのカフェは滞在型であり続け、珈琲一杯でどれだけいても迷惑な顔をさ

「プリュッケル」のソファーで新聞を読む人々（1980年）。今も昔も、カフェは珈琲を飲む場所ではなく、滞在する場所

角地に立つ白亜のエレガントな入り口

れはしない。カフェは珈琲を飲む場所でなく、過ごす場所なのだ。『マリー・アントワネット』の著者シュテファン・ツヴァイクがかつてカフェのウェイターに伝えたとされる名台詞がそれを物語っている「私が珈琲を飲みに家に帰っている間、私の席をとっておいてくれ」

今も息づく栄華の生き証人

中世から近代にかけて欧州に君臨したハプスブルク帝国の都ウィーン。そのエネルギーと知的財産が集まっていた華やかなカフェ文化も、20世紀後半には衰退し、それに変わってエスプレッソ系のコーヒーショップが台頭しはじめた。新聞よりもインターネットが情報収集の中心に移ったことも追い風になったのだろう、伝統的なカフェは時代遅れとみなされ、多くのカフェが閉店となる事態に陥った。一方で、そのような時代の流れに反発する形で、温故知新とレトロなカフェ文化が見直されるようになり、世界遺産登録へとつながったのである。

「プリュッケル」はそんなウィーンのカフェ文化を今に伝える街の財産のひとつだ。二面が道路に接している典型的な角地にあるカフェで、明るく風通しがよく、いつまでも座っていられる気持ちの良い空間である。アールヌーヴォー様式だったインテリアは、1950年代に一新され、今は50年代そのままの姿が美しく継承されている。街の中心から少し離れているため、観光客よりも地元の住民や、向かいの応用美術大学の学生や教授たちに利用者が多い。コンサートや朗読会などのイベントも定期的に行われ、形は違えど、街の文化センターとして今もしっかり生きている。

敵国が運んだウィーンのカフェ文化

珈琲がウィーンにどのように入ってきたのかには諸説がある。きっかけが1683年のオスマン帝国によるウィーン包囲というのは共通項だ。イスラム軍が慌てて撤退した後に大量の珈琲豆が残っていた、というものである。

イスラム文化圏ではすでに常飲されていた珈琲は当地ではまだ知られておらず、ラクダの餌か排泄物か――いや、何にしろ敵国のものなど燃やしてしまえと火をつけた。すると何とも良い香りが漂い……その香りにつられてか、イスラム文化に詳しい人物が現われて珈琲の素晴らしさを訴えたため、その豆でカフェ第一号店が開業される運びとなった、というのが一説である。

当時の人々にとってはただ苦く真っ黒な飲料であり、すぐには受け入れられなかったが、砂糖とミルクを加えたところ大好評となる。それはイスラム教徒が好む《黒い悪魔の飲料》と呼ばれていた珈琲を、キリスト教の《白い神聖な飲料》に変えて出すという象徴とも重なり、瞬く間に浸透した。客はウェイターが示すボードから自分の好みの色を選び、ミルクの量を調整してもらっていた時代もあったという。今に続くウィーンの豊かなカフェ文化は、こうしてその大きな幕を開けたのである。

あなたの好きな珈琲は何色ですか。

Information

Café Prückel

Stubenring 24, 1010 Wien
Austria

（左上）山と積まれた多種多様な新聞は、ウィーンではよいカフェの条件（右上）伝統に固執せず進化している、軽さを感じるメニューのデザイン（下）100年の歴史を誇るカフェは、50年代に改装されてレトロモダン

04
— カフェ物語 —

最も古い街の読書机

Café《カフェ》 Américain《アメリカン》
オランダ・アムステルダム

アムステルダムのリビングルーム

「カフェアメリカン」はヨーロッパで最も洗練されたカフェのひとつだと思う。アールデコ様式の眩いばかりの装飾に、気鋭に富んだオランダ独自のスタイルが加わり、落ち着きのある素敵なカフェ空間だ。アムステルダムの建築の父と呼ばれたベルラー様式で、1902年にクロムハウトらによって建てられたホテル内にあり、国の文化財に指定されている。

50～60年代の全盛期には音楽家や芸術家のたまり場となり、地元の多くの人々にとっては初デートやお祝い事には欠かせない場所として、《街のリビングルーム》と呼ばれていた。

とりわけこのカフェを特別にしたのが、アムステルダムで初めて設置されたという、読書用の長テーブルである。すでに名を馳せていたウィーンやベルリンの華々しいコーヒーハウスの噂を耳にしたオーナーが、後に続けとカフェの中央に長いテーブルを置き、日刊紙や雑誌をずらりと並べた。当時ベルリンの老舗カフェが取り揃えていたという600種

可憐なアールデコのランプがそこかしこを照らし艶やか

息を吹き返した《ハリー・ムリシュの読書机》と新聞を読む今日の紳士

類もの新聞や雑誌には及ばなかったにせよ、一流の新聞各種を自由に読むことができたのは画期的なことに違いなく、多くの文化人たちは珈琲を飲みながら、こぞってこのテーブルであらゆる地域、世界の情報にふれ、また時に仕事机として使用してきた。

名前が付いた読書机

どんな伝説的なカフェにも必ず存在するように、このカフェにも著名な常連客がいた。オランダで最もノーベル文学賞に近いと誉れの高かった作家のハリー・ムリシュである。彼はこのカフェの常連であるだけでなく、この長い読書机を長年愛用して新聞や雑誌を読み、また、作品を書き、65歳の時に著わした『天国の発見』が世界的なヒットとなる。それはカフェの誇りともなり、彼が帰らぬ人となった2010年以降はそんな彼に敬意を表してこの長い読書机は《ハリー・ムリシュの読書机》と呼ばれるようになった。

それから月日がたち、カフェも時代の流れに逆らえず、アメリカの大型ホテルチェーンの手に渡ることになる。それに伴い新聞の定期購読は中止されることになり、この読書机は地下に追いやられた。そしてその空いた場所にはセルフサービスのサラダバーが設置されることになった。

街の小さな伝統の一つが静かに消えかかろうとしたその時、「あの読書机はどこにいったんだろう」という疑問がホテルのオンラインレビューに書き込まれた。それを皮切りに市民の声が次第に大きくなっていき、ついに新しいホテルのオーナーは市民の要望にこたえる形で、このテーブルと新聞購読を復活させることにしたのである。

古き良き時代の再現

ランプひとつとっても丁寧に修復され、手入れも行き届いているアールデコの装飾を見るにつけ、アメリカ資本にも感謝せざるを得ないと思う。なにせ店内に入るなり、思わずため息が漏れる美しさなのである。

しかし、だ。店の奥にあるこの長い読書机が醸し出すいぶし銀のオーラにはかなわない。というのも、私はこの読書机について何も知らずにカフェにいた。トイレに行く際に目の隅に入ったのだが(今は奥の目立たないところにある)通り過ぎるのを許さない存在感を放っていたので、思わず立ち止まってしまった。後で気になって調べたところ、この読書机の物語が見つかったのである。

このテーブルの側面には、彼が遺した言葉が刻まれているという。

"What isn't read, isn't written. What isn't heard, isn't spoken. What isn't seen, doesn't exist"

(読まれないものは、書かれない。聞こえてこないものは、語られない。見えないものは、存在しない)

この読書机が目に留まり、その記事を読み、今書いている。聞いてくれるあなたがいて話し、それはまた誰かに語り継がれるかもしれない。ここに読書机はその姿を現し、我々の心に蘇る——。

あなたの心に眠っている大事なものはありますか。

Information

Café Américain

Leidseplein 28, 1017 PT Amsterdam

Netherlands

壁にずらりと並ぶ額には、店の大切な歴史が収められている

市民の出逢いと別れを見守ってきた街のリビングルームは今も健在

05
―カフェ物語―

生きた伝説
――現存するヨーロッパ最古のカフェ

カフェ フローリアン
Caffè Florian
イタリア・ヴェネチア

300年の歴史を誇るヴェネチアの玄関口

13世紀に船で外国を巡り『東方見聞録』に日本を《ジパング（黄金の国）》と書き記したマルコポーロは、ヴェネチアの貿易商人である。シェイクスピアは『ヴェニスの商人』という戯曲を著わした。海に浮かぶちっぽけな島々からなる港町は、その地の利と、ヴェネチア人特有の進取の気性をもって古くから商人の街であった。かつては金と同様の価値があった東洋の香辛料を輸入しては海洋貿易で繁栄し「アドリア海の女王」とよばれるようになる。イスラム世界の貴重な黒い豆が運び込まれたヨーロッパ最初の土地も、やはり、ヴェネチアだった。

胃薬として到来した珈琲はやがて高級な嗜好飲料として広がり、早くも17世紀にはヨーロッパ初のカフェがヴェネチアにオープンする。そして1720年、のちに「フローリアン」に改名される「勝ち誇るヴェネチア」が誕生。改装を重ねる中で、ヴェネチア中から最高の職人たちを呼び寄せ、金に縁どられた蒔絵に赤いビロードの椅子、ヴェネチアング

蝶ネクタイ姿がエレガントな給仕は素敵なカフェの一要素

いつも賑わう「フローリアン」は 300 年たった今も変わらずヴェネチアの玄関口

「フローリアン」の回廊をシックに装う白いカーテンとくつろぐ人々

ラスのランプなど、豪奢なカフェを造り込んだ。以来、「フローリアン」は国際都市ヴェネチアの玄関口として、古今東西の芸術家や知識人を迎え入れては、数々の伝説を残してきた。現存するヨーロッパ最古のカフェである。

時代に合わせてしなやかに、自由に

その後、ヨーロッパの他都市でもカフェがオープンし、独自のカフェ文化を創り上げていったが、共通していたのは「男性専用」だったこと。だが、例外のない規則はない――。ヴェネチアはヨーロッパ随一のカーニバル文化をもつ。12世紀に始まったお祭り文化はその後、仮面をつけてのお祭りに変化し、仮面舞踏会がトレンドに。

現代では2週間ほど続くカーニバルは、かつては冬から夏まで続き、「フローリアン」はその中心地だった。階級制度によって窮屈なしきたりに縛られていた人々が（階級差を超えて話しかける事すら許されなかった）、あるいはそのような階級に属せず「フローリアン」に入ることがはばかられた人も、仮面をつけて「ほかの誰か」になることで自由に振舞えた。それは何と楽しく愉快なことだろう！――ということで、18世紀後半には女性も仮面をつけることで入店できるようになり、男女や職業の貴賤、政治的な思想の相違を超えて、聖職者や政治家まで仮面をつけて（時に仮面に隠れて羽目を外し）集う自由空間となった。

仮面をつけることなく誰もが入れるようになった今も、その自由の気風は受け継がれ、様々な芸術やアイデアがこのカフェ空間で生まれている。

歴代の芸術家に愛され――「ビエンナーレ」誕生

ディケンズ、モネ、ゲーテ、ワーグナー、ハイネ、ニーチェ、チャップリン、ヘミングウェイ……国内の芸術家はもちろん、カサノバも足繁く通いあの『回想録』のネタを編み出し、トマス・マンは「ベニスに死す」の構想を得た。300年の歴史の中で、「フローリアン」を愛した著名人、知識人は数知れず。昔は船で、汽車で、その前は馬車で何か月もかけて、往年の芸術家たちはこの噂のカフェをめがけて旅し、滞在した。ここに座り、珈琲を飲みながら自由を満喫し、人と会話し、刺激を受け、芸術作品を残した。

国際的な美術の祭典「ビエンナーレ」も、この「フローリアン」での会話から生まれたもの。その二年後の1895年に実現を果たし、現在も後援者としてイベントを行っている。

世界に唯一無二の生きる伝説「フローリアン」。だが、イタリアの劇作家カルロ・ゴルドーニが描いたカフェと人々の関係は、250年をゆうに経た今もそう変わらないことに気づく。ここで上演された戯曲『カフェ』より、カフェの主人の台詞――。

「私の職業は、この街の栄光のため、人々の健康のため、そしてちょっとした気晴らしを必要とする人々の名誉ある喜びのために必要なのだ」

あなたにとってカフェはどんな場所ですか。

Information

Caffè Florian

P.za San Marco, 57, 30124 Venezia
Italia

（左上）改装を重ねてもあえて残した外観が歴史の長さを物語る（右上）ナポレオンに「世界で最も美しいサロン」といわしめた優雅な店内（下）「フローリアン」が居を構える壮大なサンマルコ広場

珈琲 1 こぼればなし

ウィーン発祥のカプチーノ

カプチーノといえばイタリアン珈琲の定番だが、発祥は18世紀のウィーンのカフェ。珈琲に初めてミルクを入れて出したのがその原型で、名前の由来はカトリック教会の一派、カプチン会（カプツィーナ）に由来する。この修道士たちのフードつきの修道服が茶色で、カフェで出されるミルクコーヒーの色とそっくりだったことからカプチーノと名づけられた。その後1906年のミラノ万博で紹介されたことが転機となり、エスプレッソにスチームドミルクを加えた今の形へと変化していき、イタリアの定番となった。

ちなみにイタリアでは夕食後にミルクたっぷりのカプチーノを注文すると、まさか！と面白半分に拒否されることがある。オイリーな食事の後は消化を助けるエスプレッソというのが常識のよう。そんな時はエスプレッソにほんの少しミルクを垂らしたカプチーノのミニ版、カフェマッキアートがいい。マッキアートは「(ミルクでつける）染み」の意でメインはエスプレッソだから、これなら食後に注文しても怪訝な顔をされはしない。マイルドで飲みやすいし、何しろ、ちょっぴりイタリア人に近づいた気になれる。

chapter 02

風と緑を感じるカフェ

06
— カフェ物語 —

珈琲が生んだフランスの文豪バルザックの家

メゾン・ド・バルザック ローズベーカリー
Maison de Balzac – Rose Bakery
フランス・パリ

一日80杯の武勇伝

19世紀のフランスを代表する国民的作家バルザックは、世界で最も名高い珈琲愛好家だ。彼の名前にあやかって、その名を冠したカフェが世界中に数多く存在するのがその証拠だろう。

彼は小説家としての仕事に珈琲が不可欠だと信じていて、珈琲の力を頼りに精力的に創作活動を行っていた。いつも明け方に起き出して、時に22時間ぶっ通しで執筆に没頭する生活を20年続けていたらしい。何より一日に飲む珈琲は50杯とも80杯だったともいわれ、武勇伝として語り継がれている。しかしその原動力は珈琲だけではなく、彼の生い立ちにもあった。

幼いころ親に見捨てられ、劣等感を抱えながらも懸命に生きていたバルザックは、一攫千金を目指しあれこれ事業に手を出すもうまく行かず、借金に追われる生活だった。当時は文字数で原稿料が決められていたために、やむにやまれず寝る間を惜しんで、書いて書

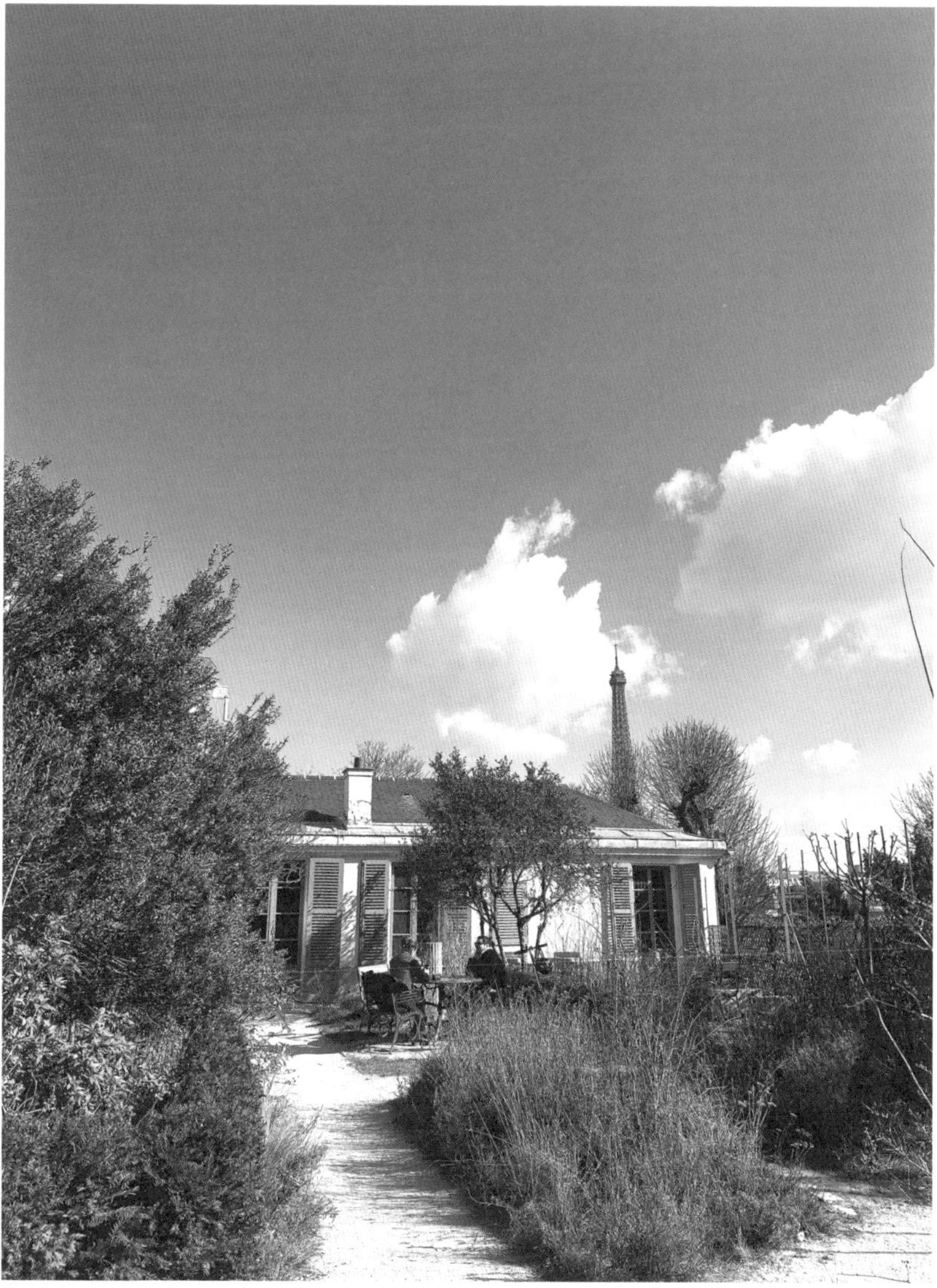

今は博物館になっているバルザックが住んだ家

（左上）フランスの芸術家ジャン・コクトーが描いたバルザックの似顔絵（右上）バルザックが愛用していたイニシャル入りのリモージュの珈琲ポット（左下）緑に覆われるローズベーカリーは、パリジャンに人気のシンプルなオーガニックカフェ（右下）バルザックの家の庭で日向ぼっこをしながら朝食を

いて書き続けた。お金のために。不遇の生い立ちの記憶から逃れるために。それでも最初は全く売れない。普通の夢見る若者だった。

「私は今、とても悲しい気持ちだ。東風が吹いていていて体力がない。それに仕事をする気力が湧いてこない。何の刺激もなく、何の生産性もない。しかし書きたい気持ちはとても強いのだ。もう少しコーヒーを淹れよう」

執念の継続力

こんな彼の言葉を所蔵するバルザック博物館は、1840年からそのバイタリティーのある人生を閉じるまでの7年間、バルザックが住んだ家にある。ここは彼の代表作『人間喜劇』を生んだ場所でもあり、約90篇からなる作品の主な登場人物約2500人の系図と、約1000人のキャラクターの版画版が展示されている。それぞれに個性があり、一つとして同じ顔はない。

継続は力なり、とはまさにこのことであろう。彼は作品に対する周囲の不評にも耳を貸さず書き続け、不遇の生い立ちから得た人間観察力を生かし、当時のフランス社会の悲喜劇を小説に落とし込んで名作を創り上げた。そしてフランスを代表する作家としての地位を築いた。彼の小説を題材として作られた映画や劇は国を超え時代を超えて百以上になるともいわれ、2023年に日本でも公開の『幻滅』もその一つである。

さて、世界に名だたる芸術家の中で最初から順風満帆だった人はいただろうか。最初は、いやそれどころか生前には全く売れなかったという芸術家もいる。世界で最も信者が多いキリスト教も最初は新興宗教であり、人々にすぐに受け入れられたわけではなかった。世界の観光客を魅了しパリの誇りであるエッフェル塔でさえ、建設当時は醜い建築として人々から酷評されていたのである。

人生を支えたコーヒーポット

バルザックのこの庭からは、ベストな構図でエッフェル塔が望める。しかしバルザック自身はこのエッフェル塔のある眺望を目にしていない。当時はまだ建てられていなかったからだ。彼がこれを見たら何と言っただろう。博物館スタッフに聞いてみるとこんな答えが返ってきた。

「彼はとても保守的な人でした。ですから当時の他の市民のように美しいとは思わなかったかもしれない。でも彼は好奇心の方が勝る人。だからきっと楽しく眺めたのではないかと私は想像します」

館内を見渡すと、バルザックが愛用していたフランスの磁器ブランド『リモージュ』のポットがショーケースの中で光を放っている。それは彼のイニシャル入りで、常に彼とともにあったものだ。それを取り囲むようにたくさん赤字の入った（相当悩まされたと思われる）原稿の数々が展示されている。当時の彼の暮らしに思いをはせながら、バルザックの住まいというとりわけ大きな作品の中で飲む珈琲は、格別に感慨深いものだった。彼の生き方そのものがアートであり、突き詰めれば、彼の小説に出てくる登場人物のように誰の人生も、どんな人生も、世界にたった一つの芸術作品なのだ。

あなたは人生をどんなアートにしたいですか。

Information

Maison de Balzac - Rose Bakery

47 Rue Raynouard, 75016, Paris
France

朝日に照らされるパリの世界遺産「セーヌ河岸」の日常

07
— カフェ物語 —

それぞれの想い

パノラマ　レストラン&バー
Panorama Restaurant & Bar
クロアチア・ドブロブニク

映画『魔女の宅急便』のキキが飛んだ空

「私ちょっと自信をなくしてたの。でも今日ここへきてよかった。海を見てると元気になれそう」。映画『魔女の宅急便』の主人公キキの台詞である。この13歳の見習い魔女が一人前になろうと奮闘する映画の中で印象的なのが、ほうきで空高く飛ぶシーン。その美しい海の景色のモデルとなったのが、このドブロブニクだ。高台から青い海を見下ろすと、本当に爽快で幸せな気分になる。その後で乗ったタクシードライバーに話しかけていた。年の頃は40中盤くらいだろうか。

「……そう、この町で生まれ育ったんですか。こんな素敵な場所で。なんてうらやましい」

「……でも、ずっと戦争だったからね」

一点の曇りもない青空と、金色に輝く海の間を縫って走る車の中、最初はその軽く発せられた《WAR》が《戦争》を意味する言葉だとは理解できなかった。子どもでもわかるはずの単語が。

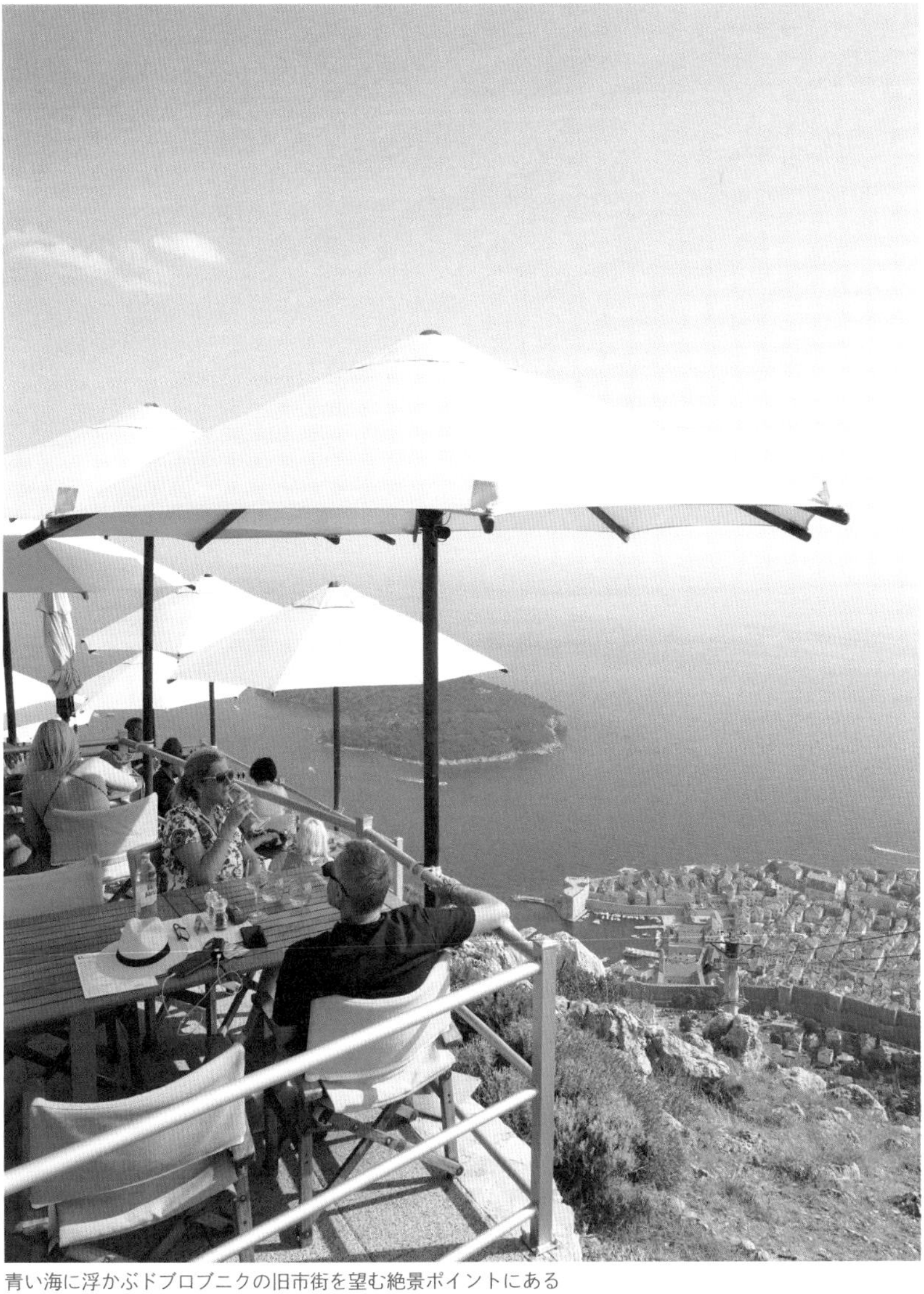

青い海に浮かぶドブロブニクの旧市街を望む絶景ポイントにある

そうなのだ。クロアチアはほんの少し前、調べてみると1995年まで5年近くも戦争だったのだ。もし彼が45歳だったなら、人生を謳歌すべき13歳頃から成人になるまでの間ずっと……こんな平和で美しい場所で。教科書の中ではただの文字の羅列でしかなかった戦争が、急に現実味を帯びて胸に迫りくる。

海のパーティー

パノラマレストラン&バーは、スルジ山をケーブルカーで登ったところにある。世界遺産のドブロブニクの旧市街が青い海にぽっかり浮かぶこの雄大な景色には、誰もが息をのむ。そして海を眺めながら、珈琲やカクテルを楽しむことができる。何て贅沢なことだろう。海と反対の裏側は、遠くに望む隣国ボスニア・ヘルツェゴビナの山脈まで、ごつごつとした荒野が続いていた。豊かな海側の景色と対照的なのが印象に残っている。

数日後の夕暮れ、ドブロブニクから少し離れた小さな村を歩いていると、地域の夏祭りに出くわした。派手な音楽がかかり、肉や魚が焼ける匂いと煙が立ち込め、人だかりからは時折、笑い声や歓声が上がっている。どうやら水球大会の会場らしい。今から始まるのかと聞いてみたら、真っ黒に日焼けした若者の一人が満面の笑顔で教えてくれた。

「試合はもう終わったよ。でもパーティーは深夜過ぎまで続くんだ。よかったらこれ食べていって。村の船乗りが去年海で亡くなったんでその集まりなんだ。この屋台の収益は全部、残されたその家族に渡すんだ」

海と暮らすこの地の人々の喜びと悲しみ、逞しさと温かさを同時に感じた瞬間だった。忘れられない景色はありますか。

Information

Panorama Restaurant & Bar

Srđ ul. 3, 20000, Dubrovnik
Republic of Croatia

（上）山の斜面にそって段差が付いているテラス席（左下）ケーブルカーで 400 メートルほど登ると展望台とレストランへ（右下）神聖な日本の紙垂を思い出す、お祭りの時に木に巻かれていた飾り

08
―カフェ物語―

悲しみの記憶

Clärchens《クレアヒェンズ》 Ballhaus《バールハウス》
ドイツ・ベルリン

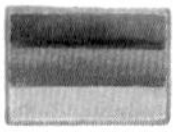

混沌の中から生まれたカフェ文化

悲しみの記憶というのは人を強くすると思う。悲しみは人を弱らせるけれど、その出来事を超えた先には強い自分がいるはずだ。生きている限り時間は流れるから、全ては過去になる。だから必ず強くなる。そしてその強さはいずれ、優しさに変わり、誰かに受け継がれていく。

１９２３年のある日、カフェのサンドイッチは１万４０００マルクで、翌日には倍近くになっていたという。日本円だと、数百円のサンドイッチが百万円を超え、翌日に二百万円になっていた、という感じだろうか。第一次大戦後のドイツは、天文学的数字の賠償金の支払いのために大量に紙幣を印刷し、インフレに見舞われた。

そんな戦後の混沌の中、ヨーロッパの文化の中心地となった《ベルリンの黄金の１９２０年代》。劇場や映画館が連立し、ヨーロッパ初の信号機が設置されるほどの交通量を誇った。もちろんその情熱の受け皿はカフェだった。朝となく夜となく劇作家や芸術

壁で東と西にベルリンが分断されていた頃の記憶を留める、街のランドマーク

（左上）戦前からあるホールは貴重な出逢いの場所でもあった（右上）ミラーボールがレトロなムードのカフェレストラン（下）暑い夏はカクテルやビールが主役のビアガーデンになる

家がひしめくカフェで独自の文化を築くも、社会の不穏がナチスの台頭を許し、第二次大戦へと突入。ふたたび敗戦。街も伝説のカフェも一つ残らず消えてしまった。

しかしかつてのカフェを新たに復活させるよりも、名もない廃墟に素朴なカフェを作るのが今のベルリン流である。

戦火をくぐり抜けた平和な時間

この廃墟のような外観の建物は、ダンスホール兼カフェレストランである。とある夫婦が1913年にオープンし、二度の戦火をくぐりぬけてきた。ナチス時代には2年間のダンス禁止令が出され、戦後は東ドイツの秘密警察による監視で西洋のヒット曲は制限された。ある時は軍事施設になり、爆撃された。しかし、これからもずっと楽しんでもらいたい、その一心でオーナは守り抜いた。

オーナーが何度か交代したが、このはげ落ちた外壁を塗り直されはしない。街の中心を陣取る薄汚い建物は、ベルリンが西と東に分かれていた記憶を留める街のランドマークであり、若者にとっては新鮮で、高齢者にとっては想い出の場所なのだ。ここを訪れる人々の年齢層も今や20代から80代、数年前には英国のウィリアム王子とキャサリン妃も訪れた。

緑に囲まれて、あるいは一輪の花を愛でながら、一杯の珈琲を飲む豊かな時間。その日常の小さな幸せは、悲しみを超えた強さの上に成り立っているのかもしれない。

歴史に翻弄され続けてきた街には、人々の思いが詰まっている。足早にすぎると全く存在しないものが、耳をすまし、目を凝らすとうっすらとその形をあらわしてくる。

悲しみの記憶を誰かへの優しさに変えてみませんか。

Information

Clärchens Ballhaus

Auguststraße 24/25, 10117 Berlin
Germany

09
—— カフェ物語 ——

海と丘をつなぐ階段の先

Cafe da Garagem《カフェ ダ ガラージン》
ポルトガル・リスボン

いつまでたってもたどり着けない謎

リスボンは海と丘を路面電車がつなぐ美しい街。海から町に吹き上げてくる風のせいなのか、太陽の光が町全体に覆いかぶさって発光しているように見える。アズレージョ（ポルトガルの装飾タイル）の街並みは、かつて写真で見た通りの鮮やかさ。早く街歩きをしたくて、心は躍るばかりだった。

町は海に向かってせり立っており、7つの丘と低地はとてつもなく急こう配な細い階段で所々つながっている。それは徒歩によるバイパスのようなものであり、ここを通らないと、どこに行くにも大きく湾曲した長い道のりを大廻りせねばならない。しかも、この階段への道はたいてい目立たないところに隠れている。

さて、リスボンでの初日。そんなことを知る由もなく、入り組んだ路地からなる旧市街、アルファマ地区を歩き出すと、私の方向音痴が最大の実力を発揮してしまう。地図で見ると目と鼻の先、歩いて5分とグーグルは言うが、言われた通り歩いても、着かない。右

日常でバカンス気分が楽しめる一枚の絵画のような絶景

に行っても、左に行っても、目的地から離れる。前には道がない。後ろは川だから進めない。ミステリーゾーンに迷い込んだ気分で、途方に暮れて時計を見たら2時間が経過している。そして飛び乗った路面電車は、反対方向に進み目的地からどんどん離れていく——。

たどり着けないからたどり着ける場所

後で気がつくのだが、地図を拡大すると薄く点線で示されている箇所があり、これが点在する小さな抜け道階段の場所を示しているようだ。とにかく一日の大半を道に迷うためか、この階段を探すために歩いていたようなものである。だが、どんな疲れも吹き飛ぶほどに美しい景色に出逢えるのもリスボンなのだ。

このカフェも、かなり長い坂を上り詰めたところにあった。アバンギャルドな小劇場に併設されていて、入ってすぐに地下二階に下りていく——登るのではなくて——そう、下りてもこれだけの景色が見える丘の上にあるということなのだ。

窓ガラスの向かいの壁には鏡を張りめぐらし、カフェの中にも景色を取り込んでいる。壁一面のガラス窓から入る自然光と望む絶景、随所を飾る観葉植物で徐々に心が解き放たれていく。

さあ、帰り道は来るときに迷ったから、違う道から帰途へ。が、また迷う。そして、迷う。ホテルに戻ってきた頃はすっかり日が暮れて、心底くたくたに。

ホテルの人に「今日はどうでしたか」と笑顔で聞かれ「もう散々道に迷って疲れてしまって」とため息交じりに言ったら「それはよかった！じゃあ、いろんなものが見れたんだね」

あなたが迷い込みたい町はどこですか。

Information

Cafe da Garagem

Costa do Castelo 75, 1100-178 Lisboa
Portugal

（左上）通り過ぎてしまいそうなカフェの入り口（右上）倉庫だった時の面影そのままにアンティークチェアのオブジェが並ぶ（下）迷子になったからこそ巡り逢えた忘れがたい景色がある

10
— カフェ物語 —

千年の歴史を歩む街のカヴァナ

Gradska《グラツカ》 Kavana《カヴァナ》 Arsenal《アルセナル》
クロアチア・ドブロブニク

クロアチアのカフェと珈琲

店名の「カヴァナ」はクロアチア語の「カフェ」。トルコ語の「Kahvehane（カフヴェハネ=珈琲ハウス）」に由来している。トルコの珈琲文化圏には、バルカン半島のクロアチアも含まれており、今もスーパーに行くと売っているのはトルコ珈琲である。

トルコ珈琲の淹れ方はとてもシンプルだ。イブリックという名の柄のついた、ひしゃく型の小さな真鍮の鍋に、水とパウダーのように挽いた珈琲と砂糖を一緒に入れて煮たてる（伝統的には熱した砂の上にのせる）。それを綺麗な模様が付いたデミダスカップに、泡が消えないように静かに注ぎ、粉が沈むのを待ってその上澄みを飲む。お茶請けにはくるみ餅のような甘いトルコのお菓子が定番で、コクのある珈琲によく合う。ざらざらと舌に珈琲の粉が残るが、それもまた異国情緒があるものだ。一方、カフェやレストランで飲むとなると、トルコ式ではなくイタリアのエスプレッソ系の珈琲が主流となっている。

クロアチアのカヴァナは時代と共に変化してきた。珈琲だけでなく料理も出すように

（上）ヨーロッパで最も優れた船大工が腕を振るった造船所がカフェに（左下）海と山と城壁を望む景色が何よりのご馳走（右下）クロアチアの硬貨は魚がモチーフになっていて親しみがわく

なって「街のカヴァナ」(グラッカ　カヴァナ)と呼ばれるようになり、町の有力者の集合場所から大衆食堂へと変化し、人々が気兼ねなく集まれる場所になっていった。

城壁に刻まれたクロアチア人の心

このカフェの建物は造船所として7世紀頃建てられた。ラグーサ共和国の首都としてヴェネチアに匹敵する都市だった15世紀には評議場として使われ、巡り巡ってカフェレストランになった。

海を前に、内と外の境がない立派な建築物の中にいると、心まで大きくなる。真夏でも頑強な石造りの建物の中はひんやりと涼しい。ここではテーブルの上の珈琲や美味しい食事よりも、海と空と風との一体感がなによりのご馳走だ。

カフェから続く旧市街を歩き、賑やかな通りから脇の小路に入ると、小さなお店が点在している。そこに、言葉だけが書かれたTシャツが売っていた。聞いてみると、これはクロアチア人にとっては魂の言葉で、ロブリイェナッツ要塞に刻まれているという。

《Non bene pro toto libertas venditur auro どんなに金を積まれても決して自由を売り渡してはならない》

ドブロブニクは海沿いを城壁が取り囲んでいる。その長さは2キロメートルに及び、高さは最長25メートル。それは海賊から財宝を守るためではなく、自由を守るためであったのだ。当時はそれを奪う敵を見つけるために造られた高台から、今、世界中の人々が平和な青い海に笑顔を向けている。

あなたの座右の銘は何ですか。

Information

Gradska Kavana Arsenal

Ul. Pred Dvorom 1, 20000 Dubrovnik
Republic of Croatia

奥のモダンなカフェコーナーは白いアーチ形の天井が印象的

珈琲 2 こぼればなし

世界一高価な珈琲を巡る物語

世界一高価な珈琲として名が知れているコピ・ルアク。インドネシアの珈琲で、良質の豆だけを食べるというジャコウネコの排泄物から、消化されない豆を取り出したもの。シャネルの5番などの香水の原料となる香りを分泌する動物で、その腸内酵素などが優れた風味を加えるという。かつては王侯貴族しか飲めなかったという珈琲である。

しかし、近年さらに高価な珈琲が出現した。タイの（同じ原理で生産された）象の珈琲で、その名も「ブラック・アイボリー」。

なんでも政府の協力の下、麻薬地帯として知られるその産地を、象の珈琲の産地として再出発させようとする取り組みでもあるとか。そこで働く象は観光客用の象を保護したものだという。

どちらか飲んでみたいものだが、さてどちらが良いだろう……。

ある日、さんざん悩んだ挙句、意を決してベルリンにある珈琲専門店に足を運んだ。120種類の珈琲を常備している老舗だ。お財布を握りしめ、思い切って聞いてみた。

「あの……コピ・ルアクを頂きたいのですが」

見るからに優秀そうな店員は、店内にずらりと並ぶ珈琲の棚を見渡してから、我に返ってこちらに向き直った。そしてぴしゃりと言った。

「私共の店では動物保護の観点から、そのような豆は置いておりません」

chapter 03

街角のアイコン

11
—カフェ物語—

バルト海のバカンス

Strandbad Mitte《シュトラントバードミッテ》
ドイツ・ベルリン

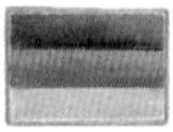

ドイツの海と太陽

冬の初めにドイツ人の同僚から「ちょっと北の海まで行ってきます」という言葉を初めて聞いた時は、身震いがしたものだ。ドイツの冬は零下10度なんてこともざらである。これから冬本番という時に、なぜわざわざ北風が吹き荒れる地に赴くのか。聞くところによると、浜辺を強い風に吹かれながら散歩すると風邪をひかないという言い伝えがあるらしい。日本にも昔は乾布摩擦のような民間療法があって自律神経を整えるといわれていたから、原理は同じなのかもしれない。

ドイツは森の国だが、最北端はバルト海に面していて点在する海水浴場は家族連れでにぎわう。海といっても輝く青い海ではない。バルト海はその天気の不安定さで名高く表情豊かだ。雲が太陽を覆い一体が鉛色になったかと思えば、気まぐれに太陽が顔をだし、水面を神々しい一筋の光で照らす。夏でも肌寒いことが多く、昔のヨーロッパ絵画の海の色を彷彿とさせる。穏やかな青であり、白であり灰色であり、時に太陽の恵みで黄色に色づく。

海水浴場をイメージして造られた白壁と木が爽やかな外観

（上）深緑の落ち着いた雰囲気で友との会話が弾む（左下）上質のサラミとハムの盛り合わせなどフード類も充実（右下）カフェの前で旅情をかきたてるシュトラントコルブ

ちなみにヨーロッパの多くの言語には性別があるが「太陽」はフランスなどのラテン言語では男性名詞、ドイツ語では女性名詞である。ラテンの太陽は強烈で、ドイツの太陽は暖かな恵みなのだと勝手に納得した次第。

冬の浜辺で飲む珈琲

さて、そんなバルト海での逗留（ドイツ人は数週間同じ場所に留まるのである）を快適にするためにこの地で生まれたのが、籐で編んだ箱型ベンチ、シュトラントコルプ（浜辺の箱）である。風向きによって向きを変えられクッションが備え付けで温かい。簡易テーブルから足置きまでありリクライニングも可能。屋根にはバスタオルをかけて乾かせるし、一日の終わりにはビーチボールなどを収納して鍵までかけられる。この中で蒸されながら汗ばむように日光浴をしたり、肌寒くなれば海に背を向けて、ポットから珈琲を注ぐ。背後に波の音を感じながら、新鮮な空気とゆったりした時間の流れの中で、慌ただしい日常では手が届かなかった、とっておきの本の一頁をめくるのだ。

このカフェ「シュトラントバード」は「海水浴場」の意。店内は青緑で統一され、海の中にいるような落ち着きがある。何よりあのシュトラントコルプがあり、バルト海での想い出や想像をかきたててくれる。大通りから離れていて、細い小道の先にあるカフェの隣は行き止まりだ。しかしその離れ小島的ロケーションがかえって賑わいを引き立てている。隣町から自転車で飛ばして目指す、人気の海水浴場と同じように。

あなたが最後に海を見たのはいつですか。

Information

Strandbad Mitte

Kleine Hamburger Str. 16, 10117 Berlin
Germany

風の強いバルト海発祥のシュトラントコルプは、ドイツの夏の風物

12
―カフェ物語―

トリノの誇りビチェリン

Café《カフェ》 Al《アル》 Bicerin《ビチェリン》
イタリア・トリノ

マルコ（イタリア人）が2時間並んだカフェ

ローマに3年暮らしてからドイツに越してきた夫が、つくづく感動したことがある。それは公共交通機関の遅れが少ないことと、店の前などで皆きちんと一列に整列して静かに待てることらしい。なんでもローマでは20分もバスが来ないと思ったら、同じ路線番号のバスが三連で到着するなんてことは日常茶飯事で、整列して待つことなどできないから、バスやお店の前はいつも人だかり、割り込みが多いのだという。地域柄なのか、お国柄なのか、類が友を呼んだのか。

さて、トリノに旅した時、そんなローマの住人マルコにメッセージを送った。700キロ離れているが、同じ国イタリアにいるのだからちょっと挨拶。《今、あなたの領土にきてるからご挨拶まで》と書き送ったら、即返事が来た。《え、なんだって、今トリノなの？　じゃあ、もう「ビチェリン」は行った？……なら、絶対に行かないといけないよ！　そこにはね、トリノ名物の珈琲があるんだよ。ぼくたちは2時間も並ん

「ビチェリン」発祥のビチェリンは甘すぎず濃厚で、忘れがたい大人の味

（上）10人も入れば満席の狭い店内。美しく整い磨きこまれている（下）「ビチェリン」があるトリノの建築家カルロ・プロミス設計の建物

だんだけど、結局帰らなくちゃならなくて入れなかったんだ》なに、イタリア人が列に加わっておとなしく2時間も待つカフェ、それでも行ったほうがいいというカフェ……そんな場所が存在するならば、それは行かねばなるまい。

地元民にも愛される小さな老舗

「ビチェリン」に行く道すがら、古びたバールがふと目にとまった。小ぎれいな店とか有名店なんてのより、実はこういうのが好きなのだ。今からカフェに行くというのに、つい入ってエスプレッソを注文してしまう。飾り気はないが清潔感が漂う店内には老人が一人、新聞を読んでいるだけだ。しばらくすると工事現場からヘルメットをかぶったままのグループがやってきて、がやがやとエスプレッソを飲んですぐに去り、また店内は静かになった。帰り際に「トリノでカフェ巡りをしているのだけど、おすすめの店ってありますか、あ、もちろんこの店以外で」と聞いてみたら「ビチェリンはもう行った？　なら絶対ビチェリンに行かないと！」。そして、とくとくとその飲み物のすばらしさを語ってくれる。同業者も親身におすすめしてくれるカフェなのか。

お会計して出ようとすると、エスプレッソの安さに唖然とした。もともと安いものだが、他店よりさらに安い。これじゃあ、商売にならないんじゃないか、「ビチェリン」ならこの何倍もとっているでしょう（実際にそうだった）。だが、彼曰く「ビチェリンの中にはね、上質なクリームとチョコレートが入っているから高いのは当たり前なんだよ」

トリノ最古のカフェ

トリノ最古のカフェ「ビチェリン」は1763年創業。かつての巡礼者用の滋養強壮飲料を、より洗練させて作ったというビチェリンは、珈琲と上質の温かいチョコレートとビロードのようなきめ細かな生クリームが、グラスに美しい三層をなす味わい深い飲み物である。イタリア初代の首相カブールのために作られたとか、ヘミングウェイが後世に伝えるべき飲み物だと語ったとか、そんないわれは数知れず。人々を魅了し続けてピエモンテ州の名物ともなった。

ウェイトレスはビチェリンをテーブルに置くと、厳かに付け加えることを忘れない「混ぜないで飲んで下さい」。異なる味が口の中で混じり合うのをゆっくり楽しむのが、ビチェリンの正しい飲み方だ。

創業当時は他国同様、カフェは男性が集う場所だった。だが初代の店主亡き後、女主人が引き継いだのが転機となり、珍しく女性が集うカフェに。そしてその伝統は代々の女主人たちの手によって引き継がれている。

観光客御用達になって趣を失ったカフェは少なくないが、「ビチェリン」は今も抗えない魅力を放つ店だ。魅力を持ち続ける店とそうでない店の違いは、地元民にも愛され、受け入れられているかどうか、そこにあるのかもしれない。

あなたの町に愛され続けている店はありますか。

Information

Café Al Bicerin

Piazza della Consolata, 5, 10122 Torino
Italia

(左上)「ビチェリン」の創業年が入ったレトロなコースター（右上）この店を受け継ぎ、世界へ広めたマリテの写真がさりげなく額に（左下）コンソラータ大聖堂と向かい合っている（右下）ビチェリンの椅子が並ぶ大聖堂前の美しい広場

13
—カフェ物語—

注文の多いカフェ

Café《カフェ》 Jelinek《イェリネック》
オーストリア・ウィーン

カフェの女主人

《頑固おやじ》がいる粋な純喫茶は日本にも数多くあると思うが、頑固な女主人なんていうものは、まかり通るものだろうか。

しかしこの「イェリネック」にはかつて、そんなマダムがいた——。

１９１０年にユダヤ人一家が開いたこのカフェは、１９８８年にクナップ夫妻の手に渡る。夫が厨房、夫人が給仕と接客担当。クナップ夫人は薬剤師が着るような白衣を着て、鼻に眼鏡をかけ、理想のカフェ空間を追求し、真剣に考えそれをきちんと行動に移す人だった。

まず、クナップ夫人が掲げたこのカフェの経営方針は「急いでいる人には給仕しません」であった。この店の精神であるこの言葉は、後に、それをいつまでも理解しない人々に明確に示すために、額に入れて店に掲げられた。またそこにいない誰かと常に話さなければいけないという強迫観念から客を開放するために、店内に残っていた公衆電話を撤去、後に店内での携帯電話の禁止を発令した。さらに赤ちゃんの入店禁止（赤ちゃんの絵に×を

くすんだ壁の色や床の汚れをあえて残した趣ある店内

(左上) 創業時のボロボロの看板が塗りなおされた外壁に飾られている (右上) レトロな模様が入ったすりガラスがノスタルジック (左下)「急いでいる人には給仕しません」との掲示が今もかかっている (右下) 店主が変わっても昔のままで常連客が戻ってきたという

付けた表示がカフェの扉に貼り付けられた）と禁止令のオンパレード。まずはシャワーを浴びてから出直していらっしゃいな、と突き返される客もあったが、なぜか、辛口ながらも献身的な夫人を慕う地元住民が多く、不思議と人気があった。

想い出を残した新たな出発

2003年になってクナップ夫妻が引退することになった時は、地域の人々は動揺した。いつしか彼女はこのカフェでなく、この街角のアイコンになっていたのだった。

近年は歴史を誇るカフェでも、後継者や経営の事情で閉店を余儀なくされるところが多い。その多くは、新しい主人により大々的に改装され、全く趣の異なる新品のカフェになる。その地域に根付き、人々にとって大事な時間を与えてくれたカフェであるならば、それはただの土地ではなくて、守られるべき立派な町の財産だと思う。

「イェリネック」は幸い、常連であった近所の夫婦が引き継ぐという幸運に恵まれた。だから昔の佇まいをそのまま残している。掃除する時も磨きすぎないように、くすんだ色合いを残すようにしているという。クナップ夫人亡き後の「イェリネック」は少し開放的になり、携帯を触っていても怒られはしないし、給仕の動きは迅速で、待たされることもなければ、今も掲げている店のモットーを指差されてお説教を食らうこともない。

当時の雰囲気そのままが残っているこのカフェのお陰で、町の人々の心の中には、あの厳格な白衣姿のクナップ夫人が今も生きている。そして、それはなぜか心地よい、心が温かくなる想い出なのだ。

あなたの想い出の店はどこですか。

Information

Café Jelinek

Otto-Bauer-Gasse 5, 1060 Wien
Austria

14
— カフェ物語 —

茶飲み友達

Kelet《ケレット》 Kávézó《カヴェゾ》 és《エス》 Galéria《ガレリア》
ハンガリー・ブダペスト

《友達》のこと

年に一度か二度「珈琲飲みに行かない」と誘われる。お酒ではなく、カフェに行って、数時間、近況報告をしあってまたねと別れる。次の約束はしない。しかし、また忘れたころに連絡がくる。

その昔は、クラスメートや部活の仲間がたいていみんな《友達》だった。しかし、今は、たとえば会社や、行動範囲が同じというだけで友達はできないし、逆に全然違う遠い場所、環境に《友達》がいたりする。

仕事と家の往復で新たな出会いは少ないが、それでも縁があって知り合った人たちと、まれに新しい友達づきあいを始めたりしているのだが、あきれるほど違うのだ。考えも、嗜好も、ライフスタイルも、何もかもが。それでも、話によってはものすごく共感できたり、尊敬できる部分があったり、ひと時、はっと感動するようなことがある。

かつての友達の中には、いつも行動をともにし、全く同じ考えを持っていると思えるこ

当たり前のようにある、誰かとのお茶の時間は人生の大切な一コマ

（左上）好きな本があれば持ち帰っても OK、その場合は一冊置いていく（右上）犬の散歩途中に気軽に立ち寄れるテラス席（下）ひとり静かに考えたい時もカフェは強い味方

とで友達だった人もいたが、今は違う。違う人の、違う人生の中に、わずかに同じものや考えを見つけた時に共鳴したり、絆のようなものを見出したりしている。

遠い過去にはたくさんいた、しかし今は数少ない《友達》。それは、言葉の重みが年齢と共に増してきたからにほかならない。

Take one leave one

ブダペストに数ある老舗カフェと比べたら、ここはまだ赤子である。地理の先生と社会学者の2人の若者が、珈琲と本とギャラリー、というコンセプトでこのカフェをオープンしたのは2013年。壁を埋める約6000冊の蔵書は、自由に手に取り持ち帰っても構わない。ただし持ち帰る場合は、自分の本を抜き取った場所に一冊置いて帰る。これはTake one leave oneという名前で広く知られているらしい。お金も手間もかけず、いろいろな本を皆で共有、循環させることで、生きた本棚を作ることができるシステムだ。

人生は小説や映画のようにいつも美しい訳ではない。毎日感動的な出来事があるわけでもないし、大方はなんてことはない日常の繰り返しで成り立っている。だから、気分転換に普段着で入れる、こんな気楽な空間があると助かる。ひとりでふらりと買い物ついでに立ち寄ったり、久しぶりの誰かともすぐに打ち解けられそうな。

他愛のない話をして、またねと自分の生活に戻っていく。それとなく寄り添っては、放っておいてくれる。あたり前のようでいて、あたり前でない、茶飲み友達との時間は、かけがえのない、大切な人生の仕合せ時間。

今度は自分から誘ってみませんか。

Information
Kelet Kávézó és Galéria
Bartók Béla út 29, 1114 Budapest
Hungary

15
―カフェ物語―

もう一つのウィーン

Kleines Cafe《クライネス カフェ》
オーストリア・ウィーン

小さなカフェの世界

ここに来るといつも思い出す「ちひさきものはみなうつくし」（清少納言『枕草子』）。古典の授業で唯一印象に残っているこの一節、昔の言葉でも「今」の自分が実感を伴って理解できるからだと思う。「クライネス　カフェ」は「小さなカフェ」の意味。文字通り極めてシンプルな内装のカフェなのだが、どことなく佇まいに風情があり、小さくて、美しい。

テーブル席がいくつか並んではいるが、天井も低いので、なんとなく電車のコンパートメントに向かい合って座っているような気分だ。人生という名の列車、ただし雰囲気は鈍行列車である。星の数ほどあるウィーンのカフェの中で、あえてこのカフェを選んでやってくる人々は、この小さな空間の中で、袖振り合うも多生の縁と肩を寄せ合う。しかし近いのに不思議と適度な距離があって、それもやはり「うつくし」である。

1970年代にオープンした「クライネス　カフェ」は、ウィーンに数ある伝統的なカフェとは違うし、モダンな珈琲ショップとも違う。給仕はネクタイをしていないし、内装

静かに佇む小さなカフェの前はいつも人が溢れている

もベーシックだが、こぢんまりとしていて落ち着ける。だが、どこか孤高で馴れ馴れしくはなく、空間の親密さとは対照的な爽やかさがある。それは《友達以上、恋人未満》の心地よさと似ている。

『恋人までの距離』を縮めたカフェ

地元民に愛されるただの小さなカフェだったのが、1995年に公開された映画『恋人までの距離（ビフォア・サンライズ）』に登場してからというもの、世界の人々に愛されるようになった。この映画はフランス人女性と、アメリカ人男性がブダペストからパリに向かう長距離列車の中で偶然乗り合わせて意気投合し、夜が明けるまでという約束で、ウィーンの街を巡るというもの。この二人が距離を縮めていく背景にあるのが、ウィーンの美しい街並み、そしてこの「クライネス　カフェ」なのである（「カフェシュペール」も登場）。そして約束通り、夜が明けるとそれぞれの旅路に戻っていくが、その後またふたりの人生が交錯する『ビフォア・サンセット』（2004）、『ビフォア・ミッドナイト』（2013）の続編がある。これらの作品が特徴的なのは、二人の延々と続く会話で成り立ってること。18年もの長い（さらに続くかもしれない）彼らの歴史の原点となっているカフェでの会話は、いかにウィーンのカフェが自然に、深く語り合える場所であるかを物語る。小さなこのカフェも、二人の関係を縮めるのに大きく貢献したのは間違いない。

小さいカフェは好きですか。

Information

Kleines Cafe

Franziskanerpl. 3, 1010 Wien
Austria

（左上）カフェから漏れる夜の灯りは街角のチャームポイント（右上）狭い空間で思い思いに過ごす人々と小さなカウンター（下）ここにも伝統的な木製の新聞ホルダーが

16
—カフェ物語—

音楽と珈琲がつなぐ普段着のポーランド

La《ラ》 *Guitarra*《ギターラ》
ポーランド・ポズナン

甘いポーランド

陸続きにいろいろな国がひしめき合っているヨーロッパに住んでいると、自然に様々な文化に触れられるし、逆に、外国人から見た日本を垣間見れもして面白い。あなたは一日に何時間《瞑想》しているのですか、と聞かれることもあれば、日本人でも遅刻することはあるんですね、と驚かれたりする。

ドイツが国境を接する国は、デンマークにオランダ、ベルギー、フランス、スイス、ルクセンブルク、チェコ、オーストリア、そしてポーランドの9ヶ国。行こうと思えばどこまでも電車で行ける。

これらの国の中で一番親しみを感じるのはポーランドである。ポーランドは人もハムの塩気もマイルドで、主張が強い近隣他国に比べて柔らかな雰囲気がある。名物料理のピエロギは、日本のすいとんのようにもっちりとしていて、そのあか抜けなさに心が和む。ついでに物価も一番安い。ポーランドにもカフェはたくさんあるが、のんびりした雰囲気の

甘い色合いがポーランドらしいライブミュージック・カフェ

ところが多く、たいていは砂糖が大量に入ったとろとろのココアを置いている。ポーランドのことわざに《愛のない結婚は、砂糖の入っていないブラック珈琲のようなもの》というものがあるが、甘くて優しい飲み物が好きなのは、そのままその国民性に表れている気がする。

言葉のいらない「共通語」

ポズナンはポーランドの地方都市。中世ポーランド王国の最初の首都だった。おもちゃ箱のようなカラフルな古い建物が立ち並ぶ姿はノスタルジックだが、町を歩けばモダンアートの影が随所にあって、大人の遊び心をくすぐる。素朴な伝統と現代のスタイルが混じり合う、愛らしい町だ。

心地よいギターの調べに吸い寄せられて、なんとはなしに入ったカフェバー。様々な国籍、年齢の人が一つ屋根の下、同じ音楽に身をゆだねている。日が暮れ始めると、仕事帰りなのか、近所の住人らしき人がやってくる。歩道に張り出した席に座り、室内から漏れ聴こえる音楽をBGMに、珈琲を飲んだりワインを傾けたりしてリラックスしている。

多種多様な言語が入り混じった国々では、音楽は人と人を結ぶ魔法のようなもので、会話などしなくても、次第に雰囲気が打ち解けて、あたたかなひとかたまりになっていく。そして、いつまでもその心地よいかたまりの中に留まるべく、もう一杯……。

現地の言葉を流暢に話すことよりも、国境を超える《共通語》としての文化のほうが強い。それは音楽であり、どこか懐かしい食べ物であり、珈琲のかぐわしい香りでもある。

あなたにはどんな《共通語》がありますか。

Information

La Guitarra

al. Marcinkowskiego 20A, 61-827 Poznań
Poland

（上）小さくてカラフルなこの歴史的建造物はポズナンの表の顔（左下）公園やショッピングセンターなど町はこんなモダンアートに溢れている（右下）アパートの中庭に集まってドラム缶で陶器を焼いている住人たち

カフェやレストランが軒を連ねる旧市場広場の夏の夜

17
—カフェ物語—

珈琲の味わい

Feuerbach Cafe《フォイヤーバッハ　カフェ》
ドイツ・ベルリン

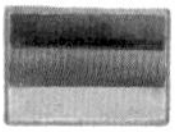

住宅街の隠れ家

「ベルリンで一番好きなカフェはどこ」

自他共に認めるカフェ好きにして、しばし受ける質問である。特にこれといった特徴があるわけではないが、すぐに思い浮かぶのはこのカフェ。ドイツでは出産日が近づくと、出産にまつわる全てに対応してくれる産婆さんを手配するのが決まり事で、出産費用同様に無料である。海外での初産、わからないことばかりだが、とりあえず、えいと地域のリストから適当に選んで電話してみる。すると「では私がよく行くカフェで会いましょう」

臨月のおなかを抱え、近所なのに全く気がつかなかったその路地のカフェにたどりついた。ふと顔をあげると、目の前にファッションモデルのようにすらりと背が高く、美しい30代とおぼしき女性がいる。なんと、彼女は産婆さん、ではなくて、産姉さんだった。年齢が近いこともありすぐに打ち解け即契約。これで準備万端である。が、しかし、何か今ひとつ自分が母になるという実感がない。子どもを愛するとか、そういうことが果たして

大理石に黒と茶色がアクセントの店内はシンプルなのにあたたかい

自分にも出来るのだろうか——まとまりのない不安を口にすると、彼女はいった。
「だいじょうぶ。愛なんて、そこに最初からあるものじゃないわ。ゆっくり時間とともに育てていくものだから」

想い出の味

母としてのふがいなさに打ちひしがれる度、人との関係に悩んだ時、ふとわけもなく虚しくなった時、人生のいろいろなシーンでこの言葉を繰り返し思い出した。《愛は時間とともにゆっくり育てていくもの》——この言葉を思いだすと、ふっと心が軽くなる。これまで何度この言葉に救われてきただろう。

愛だけでなくて、本能として女性に備わっているべきとされる母性にしても、実は最初からあるのではなくて、育っていくものに違いない。人それぞれのスピードや形で。男性にだって、母性といわれるものは体験を通して備わっていくと思う。

このカフェが好きなのは、「お気に入りのカフェだから紹介したいの」と彼女と待ち合わせした、あの時の想い出のせいかもしれない。どんな人が来るのかとドキドキしながら、純粋無垢な気持ちで待ったあの日。そこで命や人生に向き合う姿勢を学んだ。珈琲の味わいは染みついた想い出の味でもある。

あの時お腹にいた娘は、今や成人とよばれる年になった。愛はどこまで育っているかわからないけれど、あの時よりは大きくなっているはずだ。まだまだ足りない気がするが、それはまだ育てられるという事でもある。少しずつ、相も変わらずゆっくりと。

育てたい愛はどこにありますか。

Information

Feuerbach Cafe

Schöneberger Str. 14, 12163 Berlin
Germany

（左上）珈琲がワインに変わる夕暮れ時のカフェ（右上）小さくとも輝いているカフェの顔、エスプレッソマシーン（下）住宅街の歩道に張り出したテーブルにはいつも誰かが座っている

珈琲
3
こぼればなし

ベートーヴェンと珈琲豆

珈琲の歴史をひも解くと、世界に名だたる偉人たちの珈琲にまつわるエピソードには事欠かない。ベートーヴェンも大の珈琲愛好家で、朝起きるとまず珈琲豆をきっちり60粒数え、それを自らの手で挽いて珈琲をたしなんだという。とりわけ来客の際は念入りに豆を数えて、かいがいしく珈琲を振舞ったという逸話が残っている。

20代から難聴に悩まされ、時にピアノに耳を当てて作曲していたベートーヴェン。日本の年越しの定番ともなっている最後の交響曲「第九」を作曲した1824年には、全く耳が聞こえなくなっていた。それでも曲を完成させ、初演では自ら指揮棒を振った。演奏が終わっても聴衆からの大喝采が耳に届くことはなく、すぐには成功が確信できなかったという。

「一杯のコーヒーはインスピレーションを与え、一杯のブランデーは苦悩を取り除く」。ベートーヴェンが遺したこの言葉は、いかに珈琲が彼の創造力を引き出し——時に耳となって——彼の作曲に貢献したかを物語っている。

chapter 04

個性が光る空間

18
— カフェ物語 —

生まれ変わった一等車専用待合室

Grand《グラン》 Café《カフェ》 Restaurant《レストラン》 1e《エアステ》 klas《クラス》
オランダ・アムステルダム

旅情を味わう

ベルリンからアムステルダムまでは電車で6時間。パリに電車で9時間かけて行ったことがあるから、列車の旅としては序の口だ。ましてや、その先にこんなカフェが待っているとあらば。

この格調高い「グランカフェ」は、アムステルダム中央駅の構内、2番線ホームにある。駅の外からは改札を通らずとも専用通路から入ることができ、ホームからはカフェ専用改札から出入りできる。

東京駅のモデルともいわれる、レンガ造りが美しいアムステルダムの中央駅は、建築家ピエール・コイペルスの設計で、1889年に開業。その頃は社会階層の線引きが明確で、一般乗客の待合室は西側にあり、その反対側の東側のこの場所に、一等車乗客専用の待合室があった。19世紀当時の一等車の乗客ならば、贅を尽くした鉄道旅行であったに違いない。隣には王室のための貴賓室も残っているというが、かつての一等車専用の待合室の面

19 世紀に一等車の待合室だった場所をリメイクした格調高い内装

（左上）ノスタルジックな「一等車専用」ロゴが優雅なエントランス（右上）ホームから直接レストランへ出入りできるカフェ専用の改札口（下）窓の外の列車の往来と、各国の時間を示す時計が旅情緒を醸し出す

影そのままに、リニューアルしたのがこのカフェレストラン。今はすべての旅人や住人に開かれていて、気軽に昔の優雅な旅気分を味わえる。何しろホームにあるので、旅行者にとってもちょっとした待ち時間に使えて便利。列車がホームを行き交う様子を背景に、朝から夜遅くまで町と旅人をつなぐ交差点として賑わっている。

夜行列車

20年も前になるだろうか。飛行機の代わりに、夜行列車の一等車個室を使ってみたことがある。フランクフルトからベルリンまで4時間で着く列車をいくつも見送って深夜過ぎに出発。600キロを一晩かけて（早く着かないように）ゆっくり走る。飛行機の何倍ものお金と時間がかかったが、旅情はその何倍もあった。揺れで眠れなくても、やっと眠れた朝方に車掌さんのノックに起こされても、羽毛入りの真っ白なシーツにくるまって漆黒の空を眺めたことや、手渡された珈琲の温かさを懐かしく思い出す。時間短縮という価値観とは真逆を走る夜行列車は、過去の贅沢な遺産。時間の無駄をなくすために作られた乗り物は、時間をくう乗り物となり、案の定その夜行列車はのちに廃線に追い込まれた。

しかし旅情というのは、移動や勝手の違いなどの不便さの中でこそ感じられるのではないだろうか。効率的で不便の隙がない旅には情緒のかけらもない。長々と列車を待つ、手持ち無沙汰な時間が、美しい非日常の空間で発生した時、それが旅情を生む。

最近、夜行列車のネットワークが復活したという話を聞いた。今はなかなか手に入らない旅情を味わいに、また夜行列車の旅をしたいと思う。

列車の旅は好きですか。

Information

Grand Café Restaurant 1e klas

Stationsplein 15, 1012 AB Amsterdam

Netherlands

19
カフェ物語

豪華な雰囲気をカジュアルに

Opera Café Budapest《オペラカフェ　ブダペスト》
ハンガリー・ブダペスト

ハンガリー国立歌劇場

１８５８年創設のハンガリー国立歌劇場。マーラーが音楽監督を務めた黄金時代を経験し、客演指揮者にはカラヤンなどの巨匠が名を連ねる。プッチーニも二度オペラの初演を行ったという華々しい歴史をもつオペラ座だ。

ハンガリー王の希望により、大掛かりな建設計画は、ブダペスト市とオーストリア帝国の国王フランツ・ヨーゼフ一世の共同出資により始まった。国王からの唯一の条件は、都であるウィーン国立歌劇場よりも大きくしてはならない、というもの。そして、ハンガリー中から腕のいい職人を集めて無事落成した。完成したオペラ座を一目見たフランツ・ヨーゼフ一世は開口一番《なるほど、余の命に従って、この歌劇場は確かにウィーンの劇場よりは小さい。だが、余はどうやら、ウィーンの歌劇場よりも美しくしてはならない、という命を言い忘れたようだ》と悔しがるほど、その豪華絢爛な美しさに目を見張ったという。

５年の歳月と５５０億フォリントという巨額の費用をかけて二度目の改装が行われ、

美しい円を描くドーム型の天井は色鮮やか

（左上）ネオルネッサンス様式のオペラ座外観。向かって右側にカフェがある（左中）オペラ座で気軽に楽しめる優雅な珈琲タイム（右上）アーチ形の天井を持つカフェの市松模様が美しい入り口（下）改装前のオペラ座内部。改装は色の再現にこだわったという

2022年にリニューアルオープンしたオペラ座は、その美しさをよみがえらせただけでなく、最新式となった。各観客席のひじ掛けには翻訳用のタブレットが収められ、日本語の字幕翻訳もあるというこだわりようだ。

観劇気分で

ヨーロッパの多くの都市には大なり小なり歌劇場があり、その土地ならではの個性やプログラムで彩られている。

人々は公演の前や休憩中に劇場内のカフェ・レストランで珈琲やワインを飲んだりして、その時間、その場の高揚感も一緒に楽しむことが多い。

多くの場所は観劇のチケットがなくては入れないが、このカフェはその内部のカフェとは別にあって、建物の外から誰でもアクセスできる。小さいながらもオペラ座の雰囲気を味わえて、気軽に珈琲タイムを楽しめる場所だ。

オペラ座の入り口には「ピアノの魔術師」と呼ばれたリストの像がある。才能は世のため人のために使うべきというのが口癖で、お金を取るのは演奏時に限り、教えを乞う者には無償でレッスンしていたという。リストの代表作、パガニーニの作品を編曲した「ラ・カンパネラ」は最も難解なピアノ曲ともいわれ、今もピアニスト達はその腕を披露するために競って演奏している。当時は熱狂的な女性ファンが多く、彼の全盛期、パリでのリサイタル中には失神する人が続出したとか。その超絶技巧から「指が6本ある」と噂になったという記録がある。しかし彼の指が実際に何本だったかの記録は残されていない。

あなたが好きなピアノの曲は何ですか。

Information

Opera Café Budapest

Andrássy út 22, 1061 Budapest
Hungary

20
— カフェ物語 —

北ドイツの小さなお城と機関車

シュロスシュヴェリーン
Schloss Schwerin
ドイツ・シュヴェリーン

湖上に佇む歌姫ならぬ静姫

「北のノイシュヴァンシュタイン城」という派手な枕言葉をつけられた、小さなお城が北ドイツにある。シュヴェリーン城だ。シュヴェリーンは旧東ドイツにある人口10万人にも満たないドイツで一番小さな州都。七つの湖の合間に横たわり、このお城はその最大の湖に建つ。その立ち姿にちなんで「湖上の歌姫」ともよばれているらしいが、「私は私。静かにおし」と言わんばかりに、凛と湖に佇んでいる。

城内にのんびりとした雰囲気が漂うのは、この土地柄もあるだろう。メクレンブルク＝シュヴェリーン大公のフリードリヒ・フランツ二世とアウグステ妃は、政略結婚が常識だった当時、恋愛結婚で結ばれたという。そんな二人は幸せながらも、不安だったに違いない。アウグステ妃の部屋から望める小さな湖の景色は、大きな慰めになったことだろう。

このお城併設のカフェは、しかし、博物館の展示より魅力的だ。自然光がほのかに照らす空間に一歩足を踏み入れると、彼らのくらしに紛れ込んだかのような錯覚を起こす。

湖に凛と佇むシュヴェリーン城

古い絵画のように美しいシュヴェリーン城内のカフェ

(左上）人々を海に運ぶ機関車モリーは今も健在（右上）歩道すれすれに徐行して走る機関車は町人の暮らしの中にある（下）ノスタルジックな車内で楽しむ珈琲タイムは格別

装飾のついたガラス窓の向こうには、青々と茂る中庭が見渡せ、昔のまだらなガラス越しに、その景色がぐにゃりと曲がって見える。過去にタイムスリップしたかのような気分で、静かに珈琲を味わうことができる空間だ。

町から海へ人々をつなぐ機関車モリー

北ドイツのこの辺りは何もないところだが、北に30分も車で走れば海にでる。その静かな海辺にハイリゲンダムという町がある。ここはドイツ最古の海辺の保養地で、フリードリヒ・フランツ一世が18世紀にこの地に逗留して以来、ドイツ国内外から貴族や上流階級たちが集まる夏の避暑地になった。しかし、この地域は自然が手つかずで足場が悪い。そんなわけで、バート・ドーベランというこれまた小さな町から海岸まで、人々と海をつなぐ機関車が走ることになった。

この路線は赤字経営だったために、ドイツの東西統一後、廃線に追い込まれそうになった。しかし、地元民がそれに反対して観光路線として存続させ、人々に「機関車モリー」の愛称で親しまれるようになり、経営も黒字へ転化する。

最高速度は40キロ、たった15キロの道のりを、約50分かけて、汽笛を鳴らし走る。町中は歩道すれすれを自転車に追い越されながら、商店街を抜けカフェの横を過ぎ、風を切り、草原を駆け、海まで走り抜ける。ノスタルジックな車内で味わう珈琲は、インスタント珈琲だ。だが、やはり珈琲は味ではなくて、心で飲むのだと思う。とても美味しかった。

秘密にしておきたい場所はありますか。

Information

Schloss Schwerin

Lennéstraße 1, 19053 Schwerin
Germany

21
— カフェ物語 —

ロシアの古い小説に紛れ込む

Café《カフェ》 Zsivágó《ズィヴァーゴ》
ハンガリー・ブダペスト

ロシアの邸宅カフェ

家族経営のこのカフェは、19世紀初頭のロシアの、裕福なリビングルームを模して造られているという。大通りから離れた目立たないところにひっそりと居を構え、小さいながらも吹き抜けの二階建て、どこかの時代の誰かの家に紛れ込んだかのような温かな、レトロな雰囲気だ。

静かなクラシック音楽をBGMに、本を読んでいる人もいれば、ラップトップを持ち込んで仕事をしている人もいる。二階ではトランプをしている四人組がいる。時代物の家具に、白い手編みのレース、ヴィンテージの壁紙に絵画の数々……席について珈琲を前にすると、ロシアの大家族、というお芝居の舞台に上がった役者の気分である。それを「ロシアの小説の中に入り込んだ感じ」と表現する人もいる。

この店の特徴はそれだけではなくて、珈琲やケーキ以外に、自家製ピロシキがあること。ピロシキは、小麦粉を練った生地にキャベツや肉などの具を巻いて焼いた、ロシアの素朴

ロシアの昔の邸宅風カフェで、しばし時間を忘れる

（左上）年季が入った古い階段の先にはトランプに興じる４人組が
（右上）石造りの門構えに木の椅子と白いレースがシックな入り口
（下）家族経営でロシアの手料理が自慢のアットホームな空間

な家庭料理。夜には時折ライブ演奏があり、深夜まで営業しているので、仕事帰りに訪れて話し込む人や、地元のロシア人の集合場所になったりしている。あまり知られていない、そしてあまり知られたくない、ロシア風カフェである。

私のロシア

ロシアと聞く度に思い出す人がいる。

ある日、近所を歩いていると、突然目の前にお年寄りが現れ行く手を遮った「もしかして、アヤ?」。語学学校で一緒だったロシア人だ。クラスでは70代の最高齢。ドイツ語が嫌いで、授業に全くついていけてなかった彼に親近感を覚え、嫌われながらもしつこく話しかけていた。若い頃、ロシアの寒村からドイツに移住し、工場長だったのが一転して生活保護を受けるようになったという。ドイツの救済プログラムで通わされていたのか、いつも不機嫌だった。しかし唯一の例外が「将来の夢」を語る時。その目はキラキラしていた。

目の前の懐かしい顔に2年前の記憶が蘇った。「どう、元気」と聞くや否や「ほら、あれ見て！　今日が初乗りなんだ！」彼の指の先に目をやると、新品のタクシーが道路の真ん中に斜めに停まっている。そういえば「タクシードライバーになるのが夢」だった。あの時はクラス全員が、絶対無理と確信していたはずの夢。「おめでとう！」と叫ぶと、しわしわの顔に目をうずめて笑顔を輝かせ、またねとタクシーに戻っていった。

ロシアと聞く度に思い出す彼は、人と人が個人的につながれば、国も違って見えるということを教えてくれる。

ピロシキを食べたことはありますか。

Information

Café Zsivágó

Paulay Ede u. 55, 1061 Budapest
Hungary

22
—カフェ物語—

世界で最も美しいカフェを持つ博物館

Café im Kunsthistorischen Museum《カフェ イム クンストヒストリッシェン ムゼウム》
オーストリア・ウィーン

美術史美術館内にあるカフェ

１８９１年に開館したウィーン美術史美術館は、ハプスブルク家の歴代の皇帝が集めた古代から19世紀までのコレクションを一堂に集め、カラヴァッジョ、レンブラント、フェルメール、ルーベンスといった名画の数々を展示している。この美術館の素晴らしさは、その見ごたえのあるコレクションに留まらない。ドームにあるカフェの美しさ、それは、それだけのために訪れる価値があるものだ

ドーム内は教会のような荘厳さと、贅を尽くした装飾のきらびやかさで、訪れる人を圧倒する。しかし、蝶ネクタイをつけた、スマートな立ち振る舞いの給仕に威圧感はみじんもなく、珈琲を気軽に楽しめる。ここはウィーンであるからして、たった一杯で新聞を読みながら長居してもかまわない。カフェは食堂も兼ね備えており、ランチや夕食もとれるが、週末と祝日の朝だけに豪華な朝食メニューが設けられているのがいい。たとえば「ゼクト（オーストリアのシャンパン）の朝食」はこんな風だ——焼き立てのパン、オーガニッ

神々しいほど美しいドームの中で気軽に珈琲が楽しめる

クの卵にバター、ローストビーフ、豆のディップ、オーストリア産のハムにカマンベールチーズ。もちろん、ゼクトに珈琲。これらの食べ物が2段のお皿に優雅に盛られて運ばれてくる。最高の休日のスタートである。

高貴な珈琲のシミ

このカフェの窓際の席からは、マリア・テレジア像が見える。マリア・テレジアはハプスブルク帝国の皇帝の妻として16人の子どもを生み、女帝としても手腕をふるい敵国から国を守った。世界に名高いウィーンのカフェ文化は、ハプスブルク家の時代に育まれ、今に受け継がれている。

17世紀に珈琲が入ってきた当初、宮廷ではココアが飲まれていたが、マリア・テレジアの日課には一日二回の珈琲タイムが盛り込まれていた。それも珈琲に砂糖とオレンジリキュールを入れてクリームを添え、砕いたキャンディーを振りかけて。これは宮廷でブームとなり、300年近くたった今もウィーンのカフェで「マリア・テレジアを」といえば、彼女が愛したこの珈琲を味わうことができる。

マリア・テレジアは時に珈琲を飲みながら仕事をしていたようで、ある時、公文書に珈琲のシミをつけてしまう。彼女はそのシミを丸く筆で囲み《恥ずかしいことで。失礼》と書き添えた。これは彼女がパンを珈琲に浸して食べていた証拠だという歴史家がいるが、真相は謎。1771年2月22日付のこの書類は、国立公文書館に保管されており、世界で最も高貴な珈琲のシミであることだけは確かだ。

どこかに珈琲のシミをつけたことはありますか。

Information

Café im Kunsthistorischen Museum

Maria-Theresien-Platz 1, 1010 Wien

Austria

（左上）静かな回廊の席、その窓からはマリア・テレジア広場が見える（右上）美術史美術館の前にそびえたつ堂々たるマリア・テレジア像（下）目がくらむほどにゴージャスな空間でも、普段着で長居できるのがウィーンならでは

KUNST
HISTORISCHES
MUSEUM
WIEN
café

モノトーンに赤いソファーが映える吹き抜けのカフェフロア

23
―カフェ物語―

「小さいおじさん」が主役の街

Art Cafe《アートカフェ》 Kalambur《カランブル》
ポーランド・ヴロツワフ

小さいおじさんの起こり

高齢化が叫ばれるようになって久しい。若者は重圧を感じる一方で、中高年の該当者はなんとなく肩身の狭い思いをしているかもしれない。しかし、この街で最も愛されているのは、老齢に近いそんな小さいおじさんたちである。

ヴロツワフは、欧州文化首都に選出されたこともある人口60万人の文化都市だ。小さいおじさんというのは「パパ小人」と呼ばれる小人の鉄像のことで、４００体近くが街のあちらこちらに潜む。彼らは昔の風習を大事にしつつ現代に生活している――ＰＣに向かったり、川べりでは洗濯をし、ＡＴＭを壊して中でそろばんをはじいていたりする。全員に名前があり、自分の人生の物語を持っている。

民主化される少し前のこと。そもそもの始まりは、大学生の集団が言論の自由を訴えて掲げたスローガンを、共産党員に塗りつぶされたことである。彼らは抗議する代わりに、その上に小人の絵の落書きをした。それからはいたちごっこで街中が小人の落書きだらけ

まるで小人が住みついていそうな可愛い建物にあるカフェ

になる。しかしそれは、この町で最も有名な芸術作品といわれるまでに注目され、政治的にも効力を発揮した。それが近年、鉄製の小人として街に復活することになったのだ。今や小人の衣装コンテストやらお祭りやらで、おじさんたちは引っ張りだこなのである。

シュールな世界

落書きで政治的に対抗した小人の絵は「シュールレアリズム」の影響を受けているという。それは第一次大戦中に上演された『パラード』(台本はジャン・コクトー、音楽はエリック・サティ、舞台芸術はピカソが担当した奇抜な前衛的バレエで、今もネットで観れる)のプログラムにはじめて登場した言葉。理屈や現実を超えて、夢や無意識の中にある(時にとんちんかんな)ものをそのまま認め表現することで人間性を回復するだとか、そんなムーブメントらしい。要は、この小人たちは今も昔も何の教訓も垂れることはなく、ただ街角に現れ、道行く人の笑みを誘うだけである。特別な意味はない。それは我々人間の人生とて同じようなものであり、それでいいのである。

このカフェは、そんな小人たちが生息している旧市街の中にあって、思わず立ち止まらずにはいられない独特の風貌をしている。深緑とダークブラウンに、金のアクセントの内装は奇抜だが、静かな照明とポーランドの人々の柔らかさが加わって妙に落ち着く。シュールな世界に迷い込んだかのようである。

カフェを後にして歩き出すと、おじさんに出くわす。そしてまた。声を出さないおじさんたちは、モノ申したげな風を装って、ただ生きている。

あなたならどんな落書きをしますか。

Information

Art Cafe Kalambur

Kuźnicza 29A, 50-145 Wrocław
Poland

(左上) カフェの前でクロワッサンを売っている小さいおじさん (右上) ATM 機の中でそろばんをはじく小さいおじさん (中) 時が止まっているかのような不思議な落ち着きのある空間 (左下) 魅惑的なステンドグラスが映えるコーナー (右下) こんな遊び心あふれるおじさんのイラストも発見

24
—カフェ物語—

天国に一番近いカフェ

アインウントツヴァンツィヒグラム
21 gramm
ドイツ・ベルリン

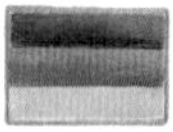

古い墓地に佇むお洒落なカフェ

カフェの名前である「21グラム」。これは何の重さを表すのだろう。

土地柄、耳と鼻にピアスをつけ腕に華やかな入れ墨をしたウェイトレスに尋ねると、この質問をされることに慣れているのか、待ってましたとばかりにすらすらと答えてくれた。

「人の体をね、亡くなる前と亡くなった直後に量って研究した人がいるらしくて。その差が21グラムだったの。つまり亡くなった人の魂の重さっていうことね」

人の魂、命の重さが、21グラム……そもそも人の魂なんてものを重さという単位で量ろうとすることから間違っている。世の中のことすべてが一定の形、つまり数値や単位で定義されてしまう不条理への挑発なのだろうか。人の魂はグラム単位でなど、いや、どんな単位でもはかることなどできない。単位などは不要な、もっとずっと重いものであり、同時にはかないものである。そして、その重さは時に変化するに違いない。遺された親しい人にとってはその魂は時が経つほど重くなってくるものだから。

礼拝堂だった場所は綺麗に改装され白とパステルピンクで爽やかに

（左上）朝は新聞を読みに近所の住人が訪れる（右上）礼拝堂は丸天井と大きな照明で心和む空間（下）緑に囲まれた平和な墓地

こんな不可思議な名前が付いたカフェは、古い墓地の片隅の小さな礼拝堂の中にある。それは町中にあり、人々の日常と隣り合わせでありながら、最も日常から離れた場所ともいえ、平和で静寂な空気に満ちている。

アボガドもお年寄りも同じ屋根の下

アボガドが盛られたトーストにポーチドエッグ（熱湯で加熱した卵）が添えられた豪華な朝食など、美しく映えるフード類が豊富なカフェは、墓地というロケーションにもかかわらず若者たちでいつも混雑している。ところで欧米では近年の《若者》のことを「アボガドトースト」と呼ぶらしい。彼らの多くはお金を貯める事よりも、今の幸せや自分の意志に敏感で、お洒落なカフェで着飾った高価なアボガドトーストに喜んでお金を払う、という皮肉が込められているようだ。確かにわが娘もアボガドトーストが大好きで、個人を世代でひとくくりにするのはあまり好きではないにしても、言い得て妙と感心したものだ。そんなアボガド達の合間を縫って、朝晩は近所のお年寄りが新聞を読みにくる、市民の憩いの場でもある。今はまだその21グラムを保持した人達が、その重さを意識することなく、思い思いに珈琲を味わっている。

時にはひとりで、あるいは仲間と同じ空間で肩を寄せ合いながら、ふとその重み――21グラムだったかもしれないけど、決してそうではない――を思い出し、静かに思いをはせる。日常にありながら、最も天国に近いカフェである。

あなたはこのカフェで誰のことを想いますか。

Information

21 gramm

Hermannstraße 179, 12049 Berlin
Germany

珈琲 4 こぼればなし

大航海時代のロマン薫るモンスーン珈琲

紅茶の国として名高いインド。しかし古くは17世紀からコーヒー栽培が始まり、現在の珈琲生産量も世界有数である。なかでも人気なのが「モンスーン珈琲」だ。

この珈琲の起源は大航海時代に遡る。帆船で大海原を航海していた当時、ヨーロッパに渡るには赤道直下を二度通過せねばならない上に、半年以上の月日を要した。そのため到着する頃にはモンスーン（季節風）の湿気で、豆は緑から黄金色にすっかり変色してしまっていた。

豆が台無しになったと嘆くも、ものは試しと飲んでみると、スパイシーな香りと熟成されたコクがいい感じである。次第に「黄金の珈琲」「モンスーン珈琲」とよばれ人々を魅了するようになる。

海上交通が発達するとモンスーン珈琲は自然消滅したが、あの風味をもう一度味わいたいという声がヨーロッパの珈琲愛好家から上がり、今は海から陸に吹き付ける季節風に豆をさらし、モンスーン加工した豆が作られている。

世の中には、質の高い珈琲が数多く出回っているというのに、あえて自然のいたずらを再現して作る珈琲を好む人々がいる。その目にはきっと、帆を風になびかせた船が、大海原をこちらに向かってやってくる姿が見えているに違いない。

chapter 05

土地の魅力を映しだす鏡

25
— カフェ物語 —

ブラチスラバの白鳥

Konditorei Kormuth《コンディトレイコルムス》
スロバキア・ブラチスラバ

メルヘンの世界へようこそ

カフェは、現実の喧騒から我々を引き離し、夢うつつのひと時を過ごさせてくれる場所。だが、それ故にカフェ側としては、その夢を壊さないよう、かつ継続させるために細心の注意を払って、堅実な経営をしなければならない。優雅な雰囲気を漂わせている白鳥が水面下で必死に足をバタつかせているように、日夜並々ならぬ努力をしているお店が多いのではなかろうか。

ブラチスラバにある、一見夢のような空間が広がるカフェの入り口には、こんな張り紙がある。《一人あたり最低12ユーロ注文のこと》。さらにドアを開けると民族衣装を着た美しい女性に「12ユーロ以上注文いただきますが、よろしいですか」と神妙な顔で念を押される。「はい、だいじょうぶです」との返事をして初めてやっと赤いロープが外されて、向こう側の美しい装飾の店内に入れるのである。そして先ほどの誓いに間違いないことを証明するため、着席の前に、ショーケースの前でケーキを選ぶように促される。

美しい彫刻の入ったマホガニーの調度品に囲まれてメルヘンな時間

これを無粋あるいは無礼と感じる人もいるだろう。かくいう私もその一人になりかけた。しかし、だ。よくよく考えてみると、ブラチスラバのカフェはどこも似たり寄ったりの高めの値段設定であるし、何事も体験すべし、である。

フレスコ画が覆うクラシックな店内

店内は、ブラチスラバの歴史を表しているというルネッサンス様式の絵画と、フレスコ画の装飾に覆われている。年代物の昔の食器が、凝った彫の入ったマホガニーの重厚な食器棚に飾られ、古き良きムードが演出されている。さらにトイレまで同じ雰囲気で統一するというこだわりよう。歴史的な建物だというが、まだ改装して間もないようで、維持費も相当かかりそうである。美しい空間に身を置いて、ゆったりとした気分で珈琲を飲みたいところだったが、あの張り紙のことが頭から離れない。大勢で詰めかけて、あまり注文しないまま、席を占領していたグループに遭遇した経験があるのかもしれないし、この辺りは家賃が高騰しているのかもしれない。

運ばれてきたケーキは、伝統にのっとって丁寧に作られているが素朴な土地の味がした。調べてみたら添加物を一切使わない昔ながらのレシピで作られているという。繊細な手描きのグラスに入った珈琲にも、精一杯の誠意を感じる。この場所では、ほとんどお金を払わなかったり、二人でひとつのケーキやお茶を分け合って何時間も居座られては維持できないのだろうし、その分かれ目の切実な線が一人12ユーロなのだろう。ただ正直なのだ。

（左上）バラを描いた繊細なグラスに白鳥のシュガーポットが優雅さを演出（右上）星座をモチーフにした天井のフレスコ画とオブジェが異次元へ誘う（左下）近年改装されてシックモダンな門構えに（右下）赤いロープを通過して優雅な空間でゆったりと時間を過ごす人々

（左上）ブラチスラバの学生たちにも人気のモダンなカフェバー（右上）「ヨーロッパー退屈」といわれる街で平和な午後の珈琲ブレイク（左下）美しく新装され、観光客や市民が集う中央広場の一角（右下）小さなカフェの入り口から石畳の古い街並みを見下ろす

たかが12ユーロ、されど

ブラチスラバはかつてはハンガリー帝国の首都だったという。それも250年もの長い間。富もここに集まってきたに違いない。もしくはのんびりとした豊かさがあったかもしれない。時代が変わった結果のこの張り紙なのだろう。だが、今は街並みを一新し、旧市街は外国からの観光客でひしめき合い繁盛している。しかしそれを保つにはもちろん安定した収入が必須であるだろう（ネット上のこの店のレビューに、家族で来店したが、注文しないと言い張ったお父さんだけが外に出されて待っていたというのを読んだときは、反感よりむしろ店に同情した）。

旧市街の街並みは、しかし物価の高さに見合う美しさで、東京やロンドンにありそうなお洒落なお店やカフェが軒を連ねている。だが旧市街に住んでいる人は多くなく、近郊の町から働きに来ている若者が多いらしい。旧市街から一歩外に出ると廃れた感の否めない街並みが続き、その格差を感じずにはいられない。

気が付いたら小一時間経っていたが、店内は変わらずあまり人の気配がない。窓の外から中をのぞいては入り口に立って踵《きびす》を返す人が多い。いろいろと思い巡らせながら、人の少ない静かな店内で、優雅な時間を過ごす。静かな湖に漂う白鳥の気分で……。

あなたなら、入りますか。

Information

Konditorei Kormuth

Sedlárska 363, 811 01 Bratislava

Slovenská

秘密のトンネルを持つ美しい砦

The《ザ》 *Papeneiland*《パーペニーランド》 *Café*《カフェ》
オランダ・アムステルダム

オランダと珈琲と日本

オランダは、ヨーロッパで最も早く珈琲の輸出人を手がけた国だ。ロンドンの珈琲ハウスが流行った時もいち早く輸出し、さらにより多くの利益を得るために、持ち出し禁止のはずの苗を手に入れ、どこよりも早く植民地（ジャワ）での珈琲の生産を開始した。当初、独占していたモカ港からの珈琲と合わせて十分な供給ができたことで、珈琲ハウスは次々と生まれていった。オランダ人の先見の明と商才には目を見張るものがある。

しかし、それだけでは２００年にも渡る鎖国時代に、オランダがヨーロッパで唯一日本と国交が許された国であったことの理由にはならないだろう。オランダ人は布教をしなかったからとも言われているが、ヨーロッパの中で最もオープンマインドで親しみを感じさせるお国柄もあったかもしれない。

日本に珈琲が初めて上陸したのは、17世紀の長崎の出島でオランダ人の手による。その後もオランダより派遣された医師、シーボルトから生命を延ばす薬として紹介された。

二階席へ続く階段から見渡せる美しい運河のある街並み

（左上）寒い日も眺めの良い戸外のベンチ席はいつも埋まっている（右上）古い木の壁に並んだオランダの伝統工芸デルフト焼のお皿（左下）天井が低く隠れ家のような二階席も窓が大きく運河が見える（右下）古い絵画と真鍮のアンティークランプが趣のあるインテリア

世界の珈琲文化に多大な影響を与えたアムステルダムのカフェは、どんなものかと思いきや、やはりとてもオープンで気さくな雰囲気である。どんなに混雑していても、店のスタッフはてきぱき働きつつみんな笑顔。おおらかな雰囲気が漂っている。

店に残る秘密

オープンな雰囲気とはいっても、このカフェの建物には実はオープンにできない秘密があった。遡ること17世紀、宗教戦争が終わると、カトリック信者が公に集まって礼拝をすることができなくなった。そのためある有力者が自宅の屋根裏に本格的な教会を作り、信者は隠れてそこに通っていた。その教会へ続くトンネルの出入り口がこの建物にあったのだ。

そんな歴史を持つ建物にカフェが入ったのは19世紀も終わる頃で、今は脱出口の跡が残っているだけだ。だが、おそらくこのカフェに集まって来る人のほとんどはこのことを知らないか、もしくは、そんなことよりもこの店のアップルパイのほうにより興味があるかもしれない。というのも、この店は2011年の5月から「アップルパイの美味しい店」として世界的に知られるようになったから。

その日、アメリカの元大統領ビル・クリントンがアムステルダムに滞在しており、秘書から一本の電話がかかって来た。「クリントン大統領がアップルパイをそちらの店で食べたいとご所望なので、席を取っておいてくれませんか。では一時間後に」。そのときの店員とその場にいた客たちの興奮は想像に任せよう。

アップルパイには生クリームをつける派ですか。

Information
The Papeneiland Café
Prinsengracht 2, 1015 DV Amsterdam
Netherlands

カフェは夜が更けるとパブの顔になる

（左上）間口の広さで税金が徴収された名残から入り口が狭い伝統的な住居。家具は建物の一番上についている棒に滑車とロープをつけて窓から運び入れる（右上）場所によっては普通のアパートより高額な人気の水上ハウス。合法で登録すれば郵便も届く。屋根の上はサスティナブルに緑地化するのが主流（下）オランダは自転車天国としても名高い

カフェの灯りが水面に映るアムステルダムの夜更け

山羊飼いの少年カルディーが、山羊が赤い実を食べるなり踊りだし眠らなかったことを不思議に思い……
これが、人間と珈琲の最初の出会いであったという逸話にちなんで名づけられた地元の人気店「カルディー」

27
— カフェ物語 —

生まれ変わり続ける歴史的公衆浴場

Continental Hotel《コンチネンタルホテル》
ハンガリー・ブダペスト

意外な日本との共通点

ブダペストはドナウの真珠とよばれるハンガリーの首都。日本からみれば遠い存在かもしれないが、ハンガリーは意外にも日本と共通点が多いのだ。例えば氏名はヨーロッパでは名前を先に、苗字を後に書くが、ハンガリーは日本と同じ、苗字が先。言葉にも面白い共通点がある。ハンガリー人の同僚が教えてくれたのだが「水」はハンガリー語で「ヴィズ」、「塩」は「しょ」で彼女からすると発音がほぼ同じというのである。一説によるとハンガリーはヨーロッパにありながら、アジアにそのルーツがあるそうで、蒙古斑があるのは世界中でモンゴル人と日本人、そしてハンガリー人だけだという。そう聞くとなんだか親しみがわいてくるではないか。

日本との共通点はそれだけではない。ハンガリーも日本と同じ、温泉大国なのだ。ローマ帝国時代に作られた浴場の遺跡も残っており、ブダペストには百以上の現役温泉施設がある。かつては奇跡の水といわれ、健康や療養のための入浴だったのが、今はレジャー施

かつての公衆浴場の優雅な曲線を生かした、斬新な建築デザイン

（左上）重要文化財に指定されている元公衆浴場の重厚なエントランス（右上）過去と現在が織りなす美しい世界を珈琲とともに過ごす午後（下）ブダペスト市内にあるセーチェニ温泉は 1913 年創業のヨーロッパ最大の温泉。15 の内風呂に 3 つの露天風呂やプールがあり水着で気軽に楽しめる

設の様相。お城のように美しい建物の内外に大きな池のような温泉プールがいくつもあったりする。お湯はぬるめなのでチェスを楽しんだり（露天風呂の中で！）、時にビールや珈琲を飲みながら、老いも若きもゆっくり過ごすのがハンガリー流。

生まれ変わった豪華な公衆浴場

現代でこそお風呂は毎日当たり前のように入っているが、水道システムや衛生観念が全く違う昔の人々にとっては、身体を洗い、リラックスするためにふんだんに水を使うなんてことは、至極の贅沢で、特権階級の人々にのみ許された娯楽だった。

今はホテルになっているこの建物は、１８２０年代に豪華な公衆温泉浴場として建てられたもの。その後アパートや劇場に生まれ変わり、近年は荒れ果てて不法侵入者の住処となっていたところ、２０１０年にホテルとして何度目かの生まれ変わりを果たした。公衆浴場時代の建築をそのまま生かし、石造りのギャラリーは波打っており、そこから吹きぬけの階下を見下ろすのも気持ちがよい。広々とした空間を活かしたダイナミックな間取りに、アールデコと現代のデザインがうまく融合している。宿泊客以外でも使える二階のカフェは、あまり知られていないようで、静かなひと時を堪能できる。

圧倒されそうなくらい重厚な玄関には回転扉がついている。この建物は重要文化財に指定されているため、電気工事などを勝手にするわけにはいかず今も手動だ。それがまたいい味を出している――よく見るとこの回転扉の模様、これも日本の家紋に似ているような気が……。

生まれ変われるなら、どんなあなたになりたいですか。

Information

Continental Hotel

Dohány u. 42-44, 1074 Budapest
Hungary

28
—カフェ物語—

ローマの休日

Caffè《カッフェ》 Perù《ペルー》 Bar《バール》 Tabacchi《タバッキ》
イタリア・ローマ

不思議なタバッキー

古代の遺跡がゴロゴロと残り、古い石畳が延々と続く街ローマ。壮大な歴史の絵巻物を見るようで美しい。しかし現実的には、石畳のでこぼこは半端ではない。街を歩けば膝にくるし、車に乗れば3センチくらい飛び上がり続けなければならず、体も声もがたがたになる。市場では店主と目を合わせたら最後、ドラマチックな営業トークに惑わされ、心静かに野菜を吟味することはできない。立って食べるアイスを座って食べたらその5倍の料金が取られ、心臓が高鳴る。ローマは生きている実感にあふれる街だ。

初ローマは出張で、たった一日の貴重な休日。最初に連れていかれたのがタバッキー（タバコ屋）である。私の要望は「タロットカードが買える場所」であったにもかかわらず（余談——タロットはかつてイタリア貴族の教育玩具兼嫁入り道具で金箔で縁どられた芸術作品だった）。不審に思いながらもタバコ屋に足を踏み入れると、小さな空間にものが溢れているがタロットは見当たらない。しかし、案内人の同僚がイタリア語の呪文を唱えると、主人

一人何役もこなす「ペルー」にはいつも誰かが出入りしている

（左上）厳格なカトリックの国イタリア、修道女の姿は日常の一部（右上）「ペルー」の側にあるローマで最も有名な市場カンポ・デ・フィオーリ（右中）人々のくらしを潤してきた二千年の歴史を誇るナヴォーナ広場（下）改装後も昔の姿をそのままに、レトロな雰囲気が愛される理由

はおもむろに背後の引き出しから、多種多様なタロットを取り出してきた。年代物を含むその品揃えと（その値段にも）面食らうことになったのである。

タバコ屋さんで珈琲を

イタリアのタバコ屋、タバッキーの正式名称は「Sali e Tabacchi（塩とタバコ）」。かつて塩とタバコが国の専売品であった頃の名残で、課税対象だったトランプ類のほか、切手やバスの切符、宝くじ、日用雑貨等、どの店にも小さいながらその地域を反映した品が所狭しと並ぶ。塩はもうないが何かと重宝する店で、昔から街の見守り役だ。

この「カッフェ ペルー」は、そんなタバッキーにバール（珈琲スタンド）とカフェが加わり、タバコと日用品と珈琲とパスタ等の軽食まで揃う、何ともマルチな店なのである。地味な構えながらローマでは人気の老舗店。それだけに、10年ほど前に若い世代の手に渡り、しばしその扉が閉じられた時には住人達は相当心配したという。ここもとうとうなくなるのかと。最近は古い映画館がスーパーになったりと、街から昔の趣が失われつつあるのだ。

幸いこのカフェ、いや、カフェでバールでタバコ屋でもある「ペルー」は、別物に変身することなく、昔の姿をできるだけ残しつつ改装されて蘇った。しかし全く変わらないものもある。それはかつてここで働いていた従業員達。彼らは再雇用され、住人に一番大きな祝福をもって迎えられたのである。

あなたの町にタバコ屋さんは残っていますか。

Information

Caffè Perù Bar Tabacchi

Via di Monserrato, 46, 00186 Roma

Italia

（左上）その街、そこに住む人々のくらしが垣間見れるバール（右上）質の高い珈琲で有名な 1944 年創業の「タッツァドーロ」（下）エスプレッソといえば「エスタッキオ」というほどローマでは知られた名店。1938 年創業以来、不動の人気を誇る

表通りの喧騒を離れると、土地の息遣いが聴こえてくる

29
カフェ物語

パリの素顔

Le《ル》 Bistrot《ビストロ》 du《ドゥ》 Peintre《パントレ》
フランス・パリ

世界の芸術家を虜にした空間

この「画家たちのビストロ」は１００年前から町のカフェ兼食堂として地元の人々に愛されてきた。数あるパリの著名なカフェと比べたら目立たない存在である。しかし、多くの場所が観光スポットになってしまった中で、今も地元民と共に生きている貴重な場所だ。アールヌーヴォー様式の華やかな内装は、シャンデリア、大きな鏡、大理石のテーブルとパリの伝統的なカフェの要素を全て持ち、様々な風貌の人々がやってきては、自分の居場所にしている。

フランス初のカフェはマルセイユにできたが、今に続く《パリ風カフェ》の原型となったのは１６８６年パリで創業の「プロコープ」。それまでのイスラム風を脱し、昔の豪華浴場をぶち抜き、大理石と大きな鏡はそのままにシャンデリアで飾りベルサイユ風にした。それは美に目がないパリのマダム達に大好評で、その後数々の伝説のカフェが生まれていった。

芸術作品のような美しいカフェで自分らしく振舞える時間

（左上）アールヌーヴォー様式の曲線が美しい鏡はインテリアのアクセント（右上）パリのカフェは深入りのエスプレッソが主流で香ばしい（左下）熱心にノートに何かを書きつけていた男性とレトロなカフェの看板（右下）古いレンガ造りの外観は歴史と風格を感じさせる

洗練されたパリのカフェのスタイルは、ヘミングウェイ、ピカソ、シャガールなど、後に世界に名をはせる芸術家をも魅了し彼らの居場所となる。映画『ミッドナイト・イン・パリ』は、現代の脚本家が1920年代の狂騒のパリのカフェに紛れ込み……というコメディーで、当時のカフェの雰囲気を気軽に楽しめる。

パリのカフェの美学

芸術家が集まった、美しくも自由な気風を持つパリのカフェは、芸術のインスピレーションを次々に生み出しただけでなく、ルソーらは百科事典を製作し、革命家はフランス革命を誘発し、歴史的に人々のありとあらゆるエネルギーを引き出すマジカルな場所であった。

ギャルソンとして働き始め、経営を学んで店の権利を買い取ったオーヴェルニュ地方（パリのカフェ産業の8割を担っている山岳地帯）出身のオーナーは「カフェでは誰もが平等なんだ」。労働者が社長と肩を並べ、珈琲を飲みながら語りあえる場所なのだという。

このカフェにいる小一時間ほどの間に、PCを持ち込んでいる20代らしき女性が、常連の老人が入ってきたのを見て軽く挨拶をし、そんなことはお構いなしに、そこに何時間も、いやきっと何年も前から何かを一心不乱に書き連ねている人がいる。経営者風の男性はカウンターでエスプレッソをひっかけて出ていき、それと入れ違いに工事現場の労働者が入ってくる。若者のグループががやがやと席に着く……様々な人々が自分を携えてやってくる。その美しい空間はそれでも品格を失うことなく、素知らぬ顔で、すべてをそのまま、平等に飲み込んでいく。

あなたはこの空間で何をしたいですか。

Information

Le Bistrot du Peintre

116 Av. Ledru Rollin, 75011 Paris

France

モンマルトルの「オーヴェルジュ・ド・ラ・ボンヌ・フランケット」。ルノワールやモネなど印象派の芸術家が集まったカフェレストラン

（左上）パリではじめてシングルオリジンを提供し、珈琲愛好家の間で定評のある「カフェオテーク」にて（右上）昔ながらの市場があるムフタール通りの広場で（下）通りすがりの街角で見つけたカフェとパリの人々

雨の日は王侯貴族気分で

Caffè Reale Torino《カフェ レアーレ トリノ》
イタリア・トリノ

イタリアのバールとカフェ

イタリアで珈琲といえばバールで飲むエスプレッソである。バールは、自宅から職場、待ち合わせなど、生活の中継地点。自分の店を決めたら足繁く通い、浮気はしない（イタリア男もそこは固い）。バール文化は１９５０年代以降の工業化や都市化が進む中、労働者が出勤前や休憩時に一息いれる場所として生まれ、立ち飲みが定着した。それに先立ち、インフラ抑制のために立ち飲み一杯の上限額が法で決められていたので、懐もそう痛まない。今はバールも洗練され驚くほど質の高い珈琲を飲めるが、それでも単価が安い分、皆長居することなくさっと飲んでスマートに去る。そしてそれを日に何度か繰り返す。そんな小さな一杯の数々が、彼らの暮らしにゆとりをもたらしている。

そんな一杯すら飲めない同胞のために、ナポリ人はカフェソスペーゾという文化を作った。珈琲代を払う時に、見知らぬ誰かの分をそっと先払いしておく。その誰かは地域のバールに行って「カフェソスペーゾ」と言えば珈琲にありつける――これを払ってくれた人の

王侯貴族が使用していた食器が壁を埋め尽くす重厚な空間

（左上）サヴォイア家の紋章の刺繍が入った椅子に座り朝食を（右上）使い込まれた銀食器が並ぶこの場所は王家のキッチンだったという（左下）カフェは王宮に入らずともこの美しい中庭からアクセスできる（右下）王宮の回廊の下で朝日を浴びる贅沢な時間

心を想いながら。この習慣は廃れつつあるというが、イタリア人の地域愛、バールでの一杯に対する思いの真髄は変わらない。とあるバールマン曰く「バールは地域の人々と運命共同体なんだよ」

王侯貴族もお忍びで通ったトリノのカフェ

そんなイタリアで、バール文化よりもちょっと敷居が高い高級なカフェが優勢の場所がある。トリノである。日本ではオリンピックでその名を知られるようになったが、トリノは1861年のイタリア統一後、王国最初の都となった街。統治していたフランスのサヴォイア家の影響が色濃く残り、入念な都市計画による街は「チェス盤のよう」で、中でも王侯貴族が雨の日も濡れることなく散歩ができるようにと造られた回廊は、全長18キロに及ぶ。その回廊には優雅な雰囲気のカフェが今も点在している。かつては国王も一般市民を装ってお忍びでやってきては珈琲を楽しんでいたといい、人々はマナーとして気が付かないふりをしていた名残で、今もトリノでは著名人が歩いていても誰も騒ぎ立てることがなく、著名人にとってはとても居心地よい場所だという。

世界遺産に登録されている王宮内のこのカフェは、中でもちょっと特別だ。全ての壁が食器棚で覆われており、その中にはかつてサヴォイア王室で使われていた年代物の銀食器や陶磁器が並んでいる。そんな食器に手が届くところで、サヴォイア家の紋章が刺繍された椅子に座って珈琲を飲みながら想う。早く雨が降ってくれないだろうかと。

雨の日の散歩は好きですか。

Information

Caffè Reale Torino

P.za Reale, 1, 10022 Torino
Italia

（左上）サンカルロ広場に面した老舗カフェの一つ 1836 年創業の「ストラッタ」（右上）レース付きトレイが粋な宅配中のランチとエスプレッソ（下）雨の日の散歩を楽しむために王家が作らせた回廊は全長 18 キロに及ぶ

市民にも政治家にも愛されてきた 1875 年創業の「プラッティ」

31
—カフェ物語—

永遠の答え探し

Cafe Korb《カフェコルプ》
オーストリア・ウィーン

誰も知らない自分がいる場所

紙とペンを準備して、以下の質問をゆっくり読み、直感で答えを書き留めてほしい。

①今あなたは森の中を歩いています。それはどんな森ですか　②歩いていくと鳥が見えました。それはどんな鳥ですか　③やがて川が見えてきます。それはどんな川ですか　④川を渡ろうと見渡すと船がありました。それはどんな船ですか　⑤川を無事渡ると家が見え、そのそばに一匹の動物がいます。それはどんな動物ですか　⑥やっと家に着きました。それはどんな家ですか。

これは親しい友人の集まりで教えてもらった心理テストで、以下の事柄をそれぞれ象徴するという。①今の心の状態　②理想とする姿　③人生　④仕事　⑤恋人・伴侶　⑥結婚・家庭像

こういう心理テストには、必ず「深く考えないで」という注釈が付く。正確性はともかく、不思議と個性が際立つ結果となり盛り上がるものだ。心の奥底にある「何か」に気づ

カフェの鏡に映る自分の知らない自分が、カフェの雰囲気を作っている

（左上）最近消えつつある凝ったデザインの砂糖袋は集めたくなる可愛さ。これは星座版（右上）良家の応接室のような落ち着いた雰囲気でそれぞれの時間を過ごす（下）日常の延長線上にある、暮らしに溶け込むカフェ

くことで、得られることもある。この気づきのドアである「無意識」の存在を発見したのが精神分析学の創始者フロイトである。自覚できている心は、大海原の水面にちょこっと顔を出している氷山の一角にすぎず、全貌のほとんどが海面下に隠れており、さらにその下には集合的無意識という場で皆繋がっているという。

博物館で見つけた異国へ憧れるお父さん

ウィーンにはフロイトが住んだ家があり、博物館として公開されている。勝手におどろおどろしい雰囲気を想像していたのだが、実際に訪れてみると、各部屋は意外にこぢんまりとしてアットホームな雰囲気である。子だくさんの上、動物を飼い、親戚の子も預かっていたといい、古い家族写真からは、仕事熱心なだけでなく、子煩悩なお父さんの姿が浮かび上がってくる。どんな人であれ、誰しもがくらしている場所があり、そこには日々の営みが行われている生活がある。それを垣間見ることで、世界的な権威者であっても自分と変わりない人間なのだということに気づく。

有名なあのカウンセリング用の寝椅子を写真で見ると、椅子を覆っているのがモロッコなのか中近東風の織物で、とてもエキゾチックなのが新鮮であった。再現された彼のデスク周りを埋め尽くす人形やオブジェもアジアやアフリカを彷彿とさせるもので、フロイトの異文化への興味が見てとれる。異文化、異なるもの、未知のものへの憧れが、彼の探求心を刺激したことは想像に難くない。人はいつの時代もどこに住もうと、隣の芝は青く見えるもので、自分にないものに憧れ、それを求め、知ろうとするのだろう。そして旅にでる。

生きることは問いかけること

彼が残した言葉の中には、素朴なものもあって笑みを誘う。

《30年に渡って女性の精神について研究してきたにもかかわらず、今なお答えられたことがなく、私も答えを出せていない偉大な問い――それは「女性は何を求めているのか？」である》

このカフェはフロイトの行きつけだったという。当時としては珍しい女性も座れるカフェのひとつだったから、きっと珈琲を前に、研究対象についてじっくり考えを巡らせることができたことだろう。

通り過ぎてしまいそうな地味な外観に小綺麗だが威圧感のないインテリア。おとなしい佇まいとは裏腹に、「コルプ」を知らなければウィーン人ではないといわれるほどの有名店である。ノーベル文学賞の前衛的作家イェリネクもこんな言葉を捧げている――「カフェコルプを知る者は何度でもそこに行くだろう！」

今や伝説の書となった『夢判断』も、初版600部を売るのに8年もかかったといい、フロイトもきっと頭を抱え何度もこのカフェに駆け込んだに違いない。そんな場所で彼が遺した言葉を反すうしながら飲む珈琲は、味わい深く心に染みる。

《答えを見つけるために生まれるのではない。問いかけるためである》

見つけたい答えを探しに、どのカフェに旅しますか。

Information

Cafe Korb

Brandstätte 7/9, 1010 Wien
Austria

どの町の、どの暮らしの狭間にもあるカフェは、心を遠くへ連れ出してくれる魔法の馬車──

あとがき

私のカフェの原風景は、幼少期に母としばしば訪れた雰囲気のある純喫茶である。実際はしばしば、ではなかったかもしれない。記憶というのは、勝手に拡大解釈されたりするものだから。でも、カウンターに並んで座って、盗み見したその母の顔に、子ども心ながらにほっとし、そのゆるみに幸せを感じた記憶に間違いはないだろう。それは、母でも、誰々のオクサンでも、どこどこの娘さんでもない、美しい一人の人間の顔だった。

人は誰しも生きている限り、何かしらの役割を担っていると思う。社会から強制されなくても、例えば、自分とはこういう人だ、と思った瞬間から自分に役割を与え、それを演じている。自由な世の中とはいえ、その縛りからは意外にも逃れることができない。幸か不幸か、一人何役も演じなければならない人生は、充実感はあると思う。だが、それに縛られすぎると、なんだか「本当の自分」(そんなものがあるとして)が置いてきぼりになっている気がする、そんな風に思うこともあるだろう。

カフェは、そんな役割から離れ、ひととき自分を自由に開放してくれる空間だ。ヴェネチアの「フローリアン」で、自由に好きな仮面をつけて皆が楽しんだように、日常生活で自分に課された役割から離れ、ほっとする空間。それは、世界中どこにでもあり、コイン数枚で手が届く。隣に誰がいようと、それはあなただけの安らぎの時間だ。

オトナになってから、私の暮らしの喜びと悲しみは、カフェとともにあった。嬉しい時もつらい時も、カフェに駆け込みスローダウンした。家出しなくてもカフェに数時間いれば行き場のない気持ちも収まった。友とは人生の酸いと甘いを分かち合い、時にくだらないおしゃべりに興じ、夫とは台所では話さないような未来について語り合い、難しい年頃の娘の本音がポロリとこぼれ落ちる場所だった。なにより片付けなくてもいつも綺麗だ。気分にあわせて洋服を選ぶように、選ぶ。多彩な暮らしのリビングルームのような存在——。

本書では、10ヶ国14都市、31のカフェを舞台に、その国の珈琲の歴史やカフェ文化、土地土地の人々の暮らし、出逢った人との何気ない会話など、珈琲と人生にまつわるささやかな物語をちりばめました。

末筆ながら、この本の誕生に関わった全ての方々にお礼申し上げます。とりわけ、私とカフェと書くことの結び目を作り、温かく見守り続けて下さった那須田ご夫妻、坂本喜秀さん、珈琲の歴史に息を吹き込んで下さったイラストレーターの藤田美菜子さん、生彩放つ素敵な言葉を帯に寄せて下さったモデル・作家の浜島直子さん、迷走しかけたじゃじゃ馬の手綱をしっかり握って伴走して下さった編集者の安永敏史さんに、心から感謝申し上げます。

そしてなにより、この本を手に取って下さった皆様とのご縁に心からの感謝を—— 珈琲ブレイクのお供に本書を開き、暮らしの隙間にあなただけの「小さな幸せ」を見つけていただけたら幸いです。

Aya Kashiwabara

ヨーロッパのカフェ―― 都市別索引

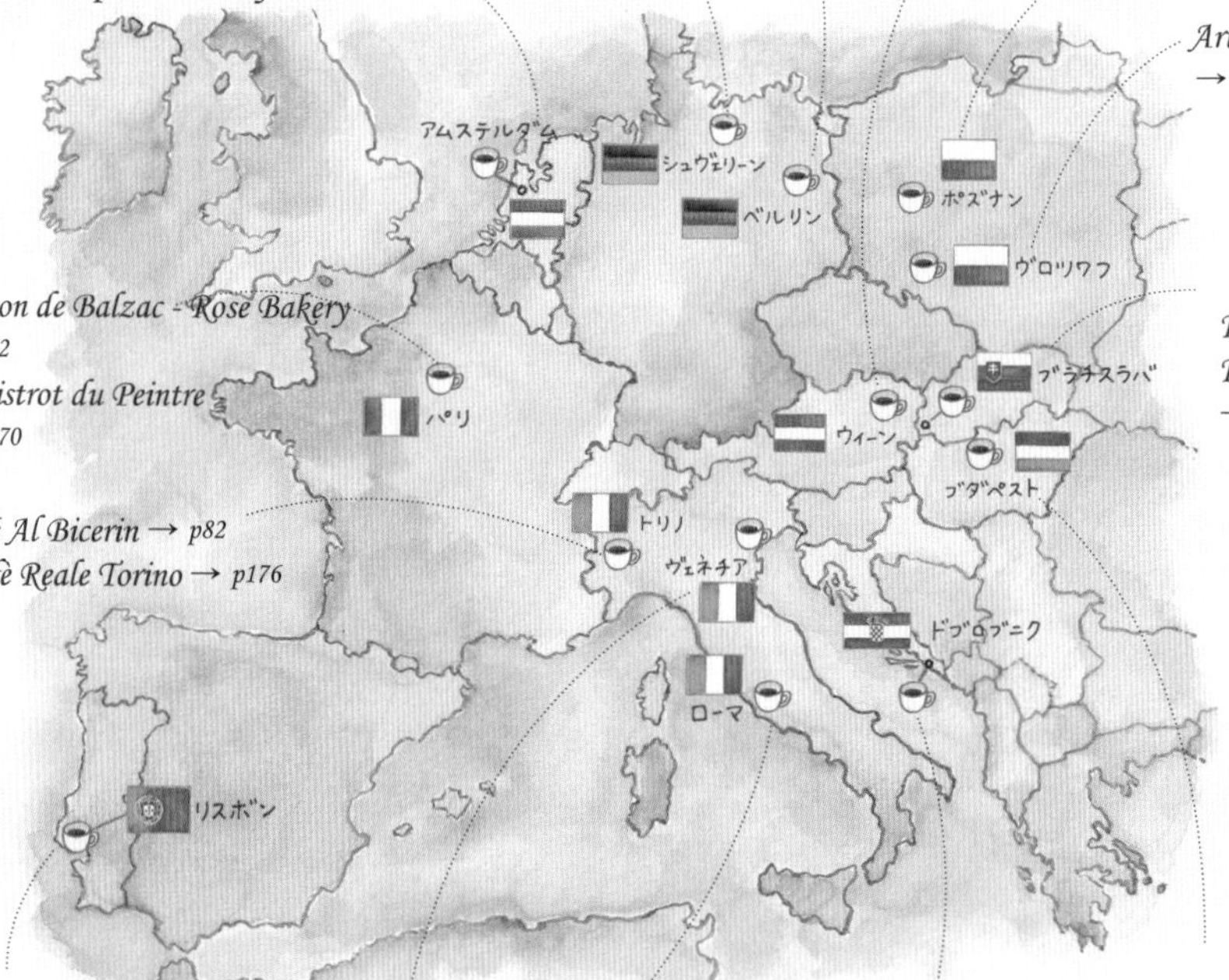

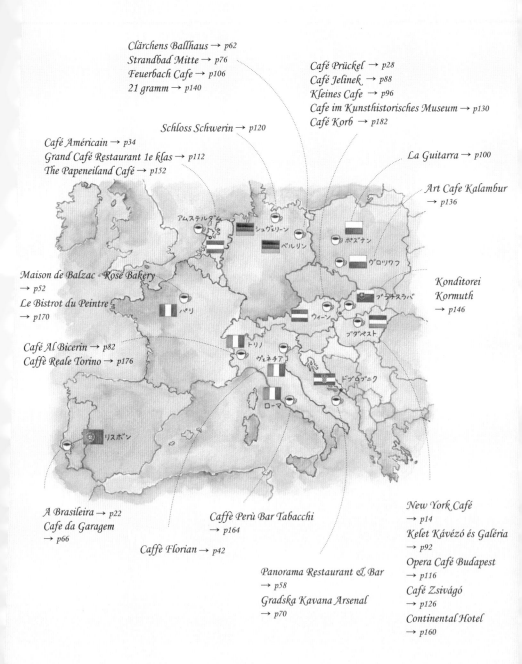

< 著者 >

Aya Kashiwabara（柏原　文）

エッセイスト。1969年京都生まれ。ベルリン在住。外資系旅行会社勤務。ヨーロッパのカフェ巡り歴26年。フランクフルトの単身赴任をきっかけにヨーロッパ各支店で勤務するかたわら、異文化を肌で感じ、同時にその文化に同化することもできるカフェの魅力に取りつかれる。人生を豊かにしてくれるカフェ文化をこよなく愛し、カフェ巡りをライフワークとしている。著書に『欧州カフェ紀行』（いろは出版）がある。Instagram の ID は cafe_in_aya

< 写真クレジット >

p002 Café Prückel um 1950 ©AchimBieniek.com
p029 Zeitungsleser im Café Prückel, um 1980 © AchimBieniek.com
p044-045 Archivio Caffè Florian © Marc De Tollenaere
p49（右上）Archivio Caffè Florian © Marc De Tollenaere
p49（下）© Antonaleksenko82 | Dreamstime.com
p64（左上）© 飯貝拓海
p77© 飯貝拓海
p78（上）（左下）© 飯貝拓海
p107© 飯貝拓海
p119（左下）© Castenoid | Dreamstime.com
p121© Hdamke | Dreamstime.com
p131© Marcobrivio6 | Dreamstime.com
p133（右上）© Nadezhda Bolotina | Dreamstime.com
p133（下）© Listen900701 | Dreamstime.com
p134-135© Listen900701 | Dreamstime.com
p163（下）© Mbruxelle | Dreamstime.com

< 参考文献 >

白井隆一郎『コーヒーが廻り世界史が廻る 近代市民社会の黒い液体』中央公論新社 1992
旦部幸博『珈琲の世界史』講談社 2017
ジョナサン・モリス（著）龍和子（訳）『コーヒーの歴史』2019

著　　者　Aya Kashiwabara
写真協力　飯貝拓海 Takumi Iigai
イラスト　藤田美菜子
装丁デザイン　22plus-design
本文デザイン・DTP　22plus-design
編 集 人　伊藤光恵（リベラル社）
編　　集　安永敏史（リベラル社）
営　　業　持丸孝（リベラル社）
制作・営業コーディネーター　仲野進（リベラル社）

編集部　鈴木ひろみ・尾本卓弥・中村彩
営業部　津村卓・澤順二・津田滋春・廣田修・青木ちはる・竹本健志・坂本鈴佳

ヨーロッパのカフェがある暮らしと小さな幸せ

2023年7月23日　初版発行

著　者　Aya Kashiwabara
発行者　隅田 直樹
発行所　株式会社 リベラル社
〒460-0008　名古屋市中区栄3-7-9　新鏡栄ビル8F
TEL 052-261-9101　FAX 052-261-9134
http://liberalsya.com
発　売　株式会社 星雲社（共同出版社・流通責任出版社）
〒112-0005　東京都文京区水道1-3-30
TEL 03-3868-3275
印刷・製本所　株式会社 シナノパブリッシングプレス

ISBN978-4-434-32259-4　C0077　落丁・乱丁本は送料弊社負担にてお取り替え致します。